がんばっているのに愛されない人

ナルシシズムと依存心の心理学

加藤諦三

Kato Taizo

PHP新書

はしがき――愛する能力があれば、人生の問題はなんとか解決する

人の心理の本質は、人間が洞穴のなかにいた頃からあまり変わっていない。

そもそも人間の心理の重要な本質はギリシャ悲劇にほとんど表れている。いまのラジオのテレフォン人生相談などでよく話題になることでも、旧約聖書の頃から変わっていないものもある。

変わったのは現象であって、本質ではない。

40年ほど前に『愛と青春の流れ』(いんなあとりっぷ社)という本を書いたことがある。読み返してみると、当時と現在とでは恋愛心理について何も変わっていない。そこで40年の間に新しく学んだことを中心にその本を大幅に修正加筆した。

この本では、その「変わらない人間の本質」の部分を恋愛ということを通して考えてみた。「変わらない人間の本質」を如何《いか》に人間の幸せな生き方に活用するのかというのが人類不変の課題である。

ことに現代のように「変化の時代、変化の時代」だの「グローバルの時代、グローバルの時代」だのと浮ついた時代には、恋愛論でもそうした視点が必要ではないかと考えた。

この本では、一つひとつの失恋の中にどのような心理が隠されていたのかを考えた。

それを通して、恋が実るためには心理的に何が必要かを考えた。

一般的に人間関係を考えても、心に問題を抱えている人はどうしても心に問題を抱えている人と結びつきやすい。心に問題を抱えている人は、逆にどうしても心理的に健康な人を避ける。

人間の心の葛藤は人間関係を通して表現されてくる。恋愛においても同じである。心理的に病んでいる男性は心理的に病んでいる女性と恋愛関係に陥りやすい。

そして心理的に病んでいる女性は無意識のうちに心理的に健康な男性を避ける。

心に葛藤がある人は愛という言葉を聞いたときに、「愛される」ということしか考えられない。そういう人は、エネルギーがない人である。

恋愛でもめても悩んでいるだけで解決の意思がない人である。

恋愛はある人の人生を実り豊かなものにするが、別の人の人生を破壊する。

恋愛をして幸せになる人もいれば、恋愛をして人生が破滅する人もいる。

なぜか？

それはカルト教団に入るか、伝統的な宗教を信じるかの違いと同じである。

心の葛藤を解決するために恋愛をした人は、その恋愛で破滅する。

しかし心の葛藤とは別に、相手を好きになり愛して恋愛をした人は、失恋しようが失恋しまいが人生は豊かになる。

さらに一般的にいえば、すべての努力は同じである。常に努力は両刃《もろは》の剣である。

社会的に成功しようと努力して、人生を棒に振る人もいるし、努力して人生を意味あるものにする人もいる。

社会的成功によって心の葛藤を解決しようとする人がいる。その人の努力は残念ながら「破滅のための努力」である。

破滅のための努力をしている人は、自分の努力の動機を意識していない。自分の心の葛藤を意識していない。


基本的欲求とはそれが満たされないと、人が不安になる欲求である。

その基本的欲求が満たされないで不安な人は、何をするにもまず不安の解消が目的になる。恋愛をしても、恋愛そのものよりも、自らの不安を解消することが目的になる。

したがって愛することよりも、愛されることが優先する。

仕事をするのも不安の解消が目的である。そこで、どうしても成果を上げて安心をしたい、ということが優先する。


この本で取り上げているようなさまざまなケースは、極端な例と感じる人もいるかもしれないが、現実に私が接してきた例である。そして本質的には普通の人の恋愛にも共通したところがある。極端な例のなかにその事柄の本質がより鮮明に表れる。

それは現実の世の中には、完全に心理的に健康な男性もいないし、完全な理想の女性もいないからである。

人間は別に2つの種類に分かれるわけではない。

心理的に健康な人と心理的に病んでいる人の2つの種類に分かれるわけではない。

心理的に健康な人から心理的に病んでいる人まで連続している。心理的に健康な人といっても、心理的に病んでいる人といっても、それは程度の問題である。

心の健康は、理想概念である。種類概念ではない。

恋愛のなかにその人の心が表現されてくる。そうした意味で恋愛することで自分が見えてくる。

その人の見えてきたコンプレックスがその人の自我に影響を及ぼし、それが恋愛関係のあり方となって表れる。

その見えてきた自分を認めることを拒否するか拒否しないかで、その人の将来の幸福は決まる。

恋愛においてはその人の自我の確立の程度、情緒的成熟の度合いが試される。ある意味で、恋愛は試練の場でもある。恋愛においては、その人の総合的な人間力が試される。

恋愛ではその人に自らの無意識を突きつけてくる。黒いカラスが「私は白い」といい張っていても、恋愛は成功しない。「私は黒い」と認めないから状況はどんどん悪化する。

恋愛の状況が悪化する人は、自分の価値が脅《おびや》かされるのを防ぐために恋人に体裁《ていさい》を張っている。

恋愛においては他の人間関係と同じように独り善《よ》がりは許されない。

無意識で自己蔑視しながら、意識では自分は凄いと思っている。こうして意識と無意識が乖離《かいり》していれば、恋愛は決して実らない。パーソナリティーの矛盾は恋愛関係のなかで表面化する。

親分の器量がないのに、子分を作ろうとしても優秀な人材は集まらないように、現実逃避をしながら素敵な異性を求めても、素敵な異性は集まらない。器量がない親分と同じようにずるい異性しか来てくれない。

一目惚《ぼ》れから熱烈な恋愛をしても、すぐに刃傷沙汰《にんじょうざた》の結末を迎える。一目惚れは自我が不安定ということを表している。意識と無意識の乖離が深刻であるということを表している。

それはその人がコミュニケーション能力のないことを表している。人との心のつながりがないことを表している。

それは寂しさを隠すための鉄の団結を誇示する集団のメンバーの心理と同じである。自分たちには心のつながりがないことを認めない人たちである。

恋愛ではその人の長所も短所もすべて表れてしまう。自分の弱点を隠そうと無理してがんばっても、恋愛では自分を隠しきれない。

失恋で悩んでいる人がいる。

「何でこんなに苦しいのか」と考えない。相手を責める。本当の原因を認めないから、悩みや苦しみはいつまで経っても解決しない。

愛する人がいれば、人間いじわるをしないで、最後まで生きられる。

愛する人は救われる。愛する能力があれば人はなんとか生きていける。

カレン・ホルナイは「私たちは人生をより豊かに、より幸せにするために愛を求める。しかし神経症者は違う理由から愛を求める」(註：Karen Horney, The Unknown Karen Horney, Edited by Bernard J. Paris, Yale University Press, 2000, p.150)という。

フロムも、愛することよりもやさしいことはないという行き渡った態度は、圧倒的にこれに反する事実があるにもかかわらず、今日まで続いていると述べている(註：Erich Fromm, The Art of Loving, Harper & Publishers, Inc,1956 , p.4)。

さらにフロムはこれほどの希望と期待をもってはじまり、必ず失敗するものはない。普通なら理由を考えると述べている(註：前掲書)。

この本ではまさにその理由を正面から考えた。

多くの失恋の裏に隠されている心理を見ながら、自分の人生をより豊かに、より幸せにするための恋愛を考えた。

がんばっているのに愛されない人

目次

第一章　なぜいつも恋愛がうまくいかないのか

第二章　無条件の愛を求めるから歯車が合わない

第三章　劣等感と愛情をはき違える人たち

第四章　人は傷つきながら成長していく

第五章 苦しんでこそ、ようやく愛する力をもてる

第一章

なぜいつも恋愛がうまくいかないのか

彼が本当に求めていたのは、女性ではなく母親役

恋愛の最初の、興奮がやや過ぎたかなという頃である。

ある男性は、次のようなラブレターを女性からもらいはじめた。いまだったら、メールのやりとりをはじめた時期だ。

私はあなたに値しないような女だから、あなたが私以外の女性と付き合っても仕方のないことだと思います。私はあなたにすべてを捧げます。

でも私は、あなたを遠くから見ているだけで満足なのです。私はあなたを愛します。でもあなたは私を愛する必要はありません。私はあなたを一方的に愛するだけで満足なのです。

以上のような趣旨のラブレターを恋人からもらった彼は内心得意になっていた。

すでに2人の付き合いは、かなりのところまで進行していた。かなりのところまで進行すればするだけ、彼は他方で気持ちの負担を感じはじめていた。

要するに彼が求めていたのは母親であって、女性ではない。彼はまだ息子であって、一人

前の男性ではない。それほど彼は情緒的に未成熟な男性であった。

そんな彼は、「気持ちの負担を感じないで私をどうにでもしてくれ」という恋人の言葉に酔った。

そして、彼女の愛を完全なものだと感じて嬉しかったのである。


しかし、実はこれらの言葉をいう人の「愛」は「完全な愛」の正反対である。

後に好意的サディストとして説明するが、「私はどうだって良いの」という言葉に隠されたメッセージは「私の期待通りにしろ」という意味である。

神経症者は冷酷なまでに利己主義か、あまりにも非利己主義であるとカレン・ホルナイはいっているがその通りである（註：Karen Horney, Our Inner Conflict, W.W.NORTON & COMPANY, 1945, pp.291-292）。

「私はあなたを一方的に愛するだけで満足なのです」という非利己主義的な言葉をいう人のパーソナリティーの裏には、冷酷なまでの利己主義が隠されている。

フロムも同じようなことをいっている。「非利己主義という正面像の陰には、巧妙にではあるが、強い自己中心性が隠されている（註：Erich Fromm, The Art of Loving, Harper &

Publishers, Inc, 1956, p.52.『愛するということ』懸田克躬訳、紀伊國屋書店、1959, p.85)。

ときが経ち、2人の付き合いが最初の興奮を完全に過ぎた頃から、彼は恋人と一緒にいるとき、いままでと違って妙に気持ちが晴れなくなりだした。

むしろ恋人と一緒にいると、何か重たい不満の気持ちに包まれてきた。彼は恋人といるとき、気持ちが重くなると何らかの理由を見つけては恋人を非難した。非難の要点は恋人の愛が完全ではないということである。

彼が求めていたのは幼児のように無責任でいられる世界である。

彼は他の女性のグループといるとき、その恋人がわずらわしくなっていた。実は2人は同じ会社の同僚だったのである。彼女は総務課だった。

彼が昼休みなどたまたま秘書課の女性たちと一緒にいるとき、ひょっこり彼女が現れたりすると、何かけむったくて不愉快だった。

その後、2人だけになると彼はほとんど口もきかなかった。要するに不機嫌だった。

彼が口をきくときは、たいていが彼女への文句ばかりとなっていた。男の仕事は女の仕事と違って生涯をかけた大変なものだ、恋人はそれを理解して2人でいるとき男性を愉快な気持ちにさせなければいけない。

男が仕事で重くるしい気持ちになったとき、恋人に会って気持ちが晴れる、それが恋人の当然の役目だと彼は思っていた。

彼の要求は、際限もなく大きくなっていった。

たとえそのとき女性に何か辛いことがあっても、男性をうきたたせるために笑顔をつくらなければならない。女性に比べて男性の社会的役割は厳しいのだから、女性がそうするのは当たり前だと思っていたのである。

非現実的な要求を正当なものだと信じていた。

この男尊女卑の気持ちが、まさに彼が母親からの心理的離乳が遂げられていないことを示していた。

いま彼は、彼女がその母親の役目を果たしていないことに不満だったのである。彼は彼女といれば自然と愉快になり、それまでの仕事のいやなことなどすっかり忘れられなければならないと思っている。

彼は、母親が小さい子供をあやすようにしてもらいたかった。

秘書課の女性と楽しく話していたら、そのとき、彼女は決してそこに現れるべきではないと思ったのである。それは彼女にとって辛いかもしれないが、男の仕事はそれ以上に辛いのだ、それが彼の考えである。

それに他の女性は少しでも何かをしてやれば、笑顔をつくり感謝する。しかし、恋人となって肉体関係までできた彼女は、彼の好意を当然のこととして受け取る。要するに最初の興奮がすぎて、彼は他の女性と一緒にいるほうが楽しくなっていたのである。

このような彼の気持ちの動きは、いま述べたように彼が心理的に母親から乳離れしていないということが一つであるが、もう一つ重要な心理がある。

それは後に述べるサディズム的傾向である。

カレン・ホルナイは「日常生活では彼らは際限もなく非現実的なほど高い要求を周囲の人にする」という。

さらに「彼らは他人を奴隷化しようとする」ともいう。

口ではどうであれ、無意識ではお互いに非現実的なほど高い要求をしていた。

マザコンの男性は、どうあがいても幸せになれない

彼は彼女が一方的な愛で満足するといいながら、自分は一方的に愛されていないと感じて不満だった。

彼女の愛を完全なものと考えはじめた彼は、それゆえに彼の不満の一切合切をすべて彼女の愛が完全でないからだと信じたのである。

完全な愛であれば、2人でいるときも楽しいし、もっと自由な気持ちで他の女性と付き合えるはずだ。しかし他の女性と付き合おうとすると陰に陽に彼女が妨害者となった。

また他の女性も、彼女と彼とが恋人同士だと気づけば、彼にはあまり近よらない。彼にはそれが不満だった。

彼はそれゆえにこそ、彼女は自分の恋人だという立場を公然と示すべきでないと考えた。

彼女が「一方的に愛することで満足です。私はあなたに値するような素晴らしい女性でない」ということは、そのように陰から自分を愛することではないかと彼は怒っている。

そして「俺の仕事がうまくいくことを何よりも喜ぶべきではないか」、彼はそう考えた。

つまり「自分を犠牲にして尽くすことを喜ぶべきではないか」と彼は考えた。

また事実、彼女の手紙には、私はあなたの犠牲になって陰の女となり、あなたが成功することが嬉しいのです、と書いてあった。

彼は彼女がその手紙の通りの行動でなく、さしでがましくなることが許せなかった。彼は他の女性と自由に付き合い、自分の気の向いたときに彼女と接する。それで彼女は嬉しい、それが彼女の完全な愛だと思っていた。

彼女も手紙でいつも、気の向いたとき私を弄《もてあそ》ぶので私は満足なのです、と書いた。そして女性が男性を完全に愛するということはそういうことだと思った。

しかし残念ながら、当たり前のことであるが、現実には彼は不満な毎日を送っていた。

やがて彼と彼女は半年もしないうちに大騒動な結末をむかえた。

要するに彼が考える「完全な愛」とは、母親が幼児をあやすことである。彼は社会的に肉体的に大人になっているが、心理的には完全な幼児である。

要するに彼はマザコンなのである。もう少し正確にいえば、母親固着から抜けられない男性である。

マザコンの男性にも軽症から重症まで症状は違う。

「良性型の母親固着の男性は、自分を慰め、賞賛し、母親のように保護し、養い、世話をしてくれる女性を必要とする」（註：Erich From, the Heart Of Man, Harper & Row, Publishers, New York,『悪について』鈴木重吉訳、紀伊國屋書店、1965, p.131-132）とフロムはいう。

つまり彼は褒められたい、保護されたいという退行段階に入っている。

自分を慰め、賞賛し、母親のように保護し、養い、世話をしてくれる女性を求めているのに、相手の女性はその役割を果たしていない。

そうなるとどうなるか。

相手の女性に不満になる。これは別の表現をすれば、依存的敵意である。それは自分が依存する相手に対する敵意である。

マザコンの男性はこういう女性がいても依存的敵意に苦しむが、いなければいないで欲求が満たされないのだから苦しむ。

フロムは、マザコン男性はこの種の女性を獲得しかねると、「軽い不安感と抑うつ状態に陥り易い」（註：前掲書 p.132）という。

軽い不安感と抑うつ状態に陥った人は、おそらくこのときに「〇〇がないから、私は不幸です」というであろう。

しかしこのときに「これこれがないから」というのは本当ではない。「これこれがない」は自分の依存性抑うつ反応の口実である。

こういう男性はたとえ「これこれ」があっても不満である。上司が無能だとか、会社がなっていないとか、失業だとか、失恋だとか、不合格だとかいろいろと外界に不満の原因を求めるが、外界は彼の不満の真の原因ではない。

怒りや不満の本質的原因は彼の情緒的未成熟にある。

その種の女性は代理ママのような女性であるが、そういう女性が得られないと心の支えがないから、「軽い不安感と抑うつ状態」に陥る。

ではとにかく恋人がいればよいのかというと、そうではない。その恋人に「自分を慰め、賞賛し、母親のように保護し、養い、世話をしてくれる」ことを要求する。一般的には要求しても要求はかなえられない。

つまりその恋人に不満を抱く。つまり依存的敵意を抱かざるを得ない。

恋人がいても依存的敵意を抱き依存性抑うつ反応を起こし、いなくても「軽い不安感と抑うつ状態」に陥る。

フロムは近親相姦的固着のある男性は、つまりマザコンの男性は、何も要求をもたない女性、つまり無条件で頼れる女性を選ぶという。

それはつまり依存的敵意を抱かないですむ恋人である。マザコン男性は、2人の女性を許すような女性を選ぶ。それが「何も要求をもたない女性」である。

「依存と敵意」という心理的課題を解決することが心理的成長である。つまり無条件で頼れる女性を選ぶということは心理的に未解決な問題を抱えたままで、生きていく道を探しているということである。

しかし、そんな女性は一般的にはいないから、そういう男性は恋愛をすれば、必ず恋人に依存的敵意を抱く。

近親相姦的固着のある男性、つまりマザコンの男性は、どうあがいても幸せにはなれない。世界の富を独り占めしても、世界の女性を独り占めしても幸せにはなれない。

現実の苦しみがゼロになっても幸せにはなれない。

それは肉体的、社会的に大人になっても、心理的には幼児であるからである。

彼らは非現実的な無条件の愛を求める。

その後、彼は何度か恋愛したが結局すべて長続きしなかった。彼は愛されることだけを望んだのである。

愛されることは幸せであるが、愛されることだけを望む者を幸せにすることは誰にもできない。愛されたいという欲求はあきらかに退行欲求である。

そして愛されたいという欲求は無限のものである。どこまで愛されても、それ以上の愛を望む。欲求が無限であるからどこまで愛されても不満である。

人間のもっている諸矛盾のすべて、人間の抱える問題のすべての解決をその愛のなかで望む。そして解決されないことをすべてその愛が完全でないからだと解釈する。

人間はどこまで愛されてもきりがない。愛されよう愛されようとすればするほど、人間は未成長な心理へ退行していく。

つまり一番楽な、生まれたときの心理状態に戻ろうとする。自らの力によって生きようとするのでなく、その愛のなかで生きようとする。

苦しい責任感などもたなくてもいい、昔の小さい頃の心理状態に退行して生きようとする。そして愛がすべてを補ってくれるものと思う。

いつも恋人を責めているほうが心理的に楽

今日期待しただけ仕事の能率が上がらなかったことで、自分の能力を責めるよりも、恋人を責めているほうが楽である。

仕事の能率が上がらなかったのは「昨日彼女とあったとき、自分を十分に気晴らしさせないで、2人でグズグズ文句をいいあっていたからだ。それだから今日は仕事の能率が上がらない、あの女の愛は完全ではない」と思う。

自分の仕事の能率の上がらないことを恋人のせいにして恋人を責めているほうが、自分の能力を責めるよりはるかに楽である。

何か不愉快なとき他人を責めていることは、人間にとって気持ちのうえでこれ以上楽なことはない。来る日も来る日もぶつぶつ文句をいって誰かを責めていることは、このうえなく心理的に楽である。

あの女の愛し方は完全ではない、そう女を責めているとき、人間は成長していくときに味わう苦しさから救われる。

「完全に愛します」と彼女がいったから彼女と付き合ったのだと「駄々をこねている」ことが、心理的に彼はとても楽なのである。

退行段階に入ると、どこまでも楽になろうとするから、極端なまでの完全な愛を求める。

つまり、彼の求める愛は完全な退行欲求である。彼は母親の胎内にまで退行していきたい。

人間が成長の過程で味わう苦しみは無限に重い。その重さからその愛によって永久に解放されようと望む。

したがって退行欲求に身を任せ得ている者の愛への要求は無限となる。

どこまで愛されても、もっと愛されようとする限り不満は残る。

彼は、彼女から幼児のように愛されようとした。

それゆえに彼は毎日どことなく、なんとなく不満だったのである。

人間の心は、はじめから自分のことについて自分で責任をとれるほど強くない。何でも悪いことは他人のせいにしたいという未熟なのが、ありのままの心である。

マザコンの男性が、愛されようとすることは、その未熟なるものを未熟なるままで残しておこうという、楽な生き方を選択しようとしているのである。

相手に幼児のようにベタベタ甘えていたい、そして生《せい》の重荷から解放されたいというのが、彼の「愛されたい」という願望である。

人を愛することは、自立することを意味する

人間は実は他人を愛そうという姿勢によってこそ、自分を変えていくことができる。愛するということは成長の苦しい過程を歩むことである。

愛する努力によって自己中心のタイプから抜けていくことができる。努力なくして愛されることはできるが、努力なくして愛することはできない。

愛するということは生の重荷を正面から引き受けるということである。本当に相手を愛するためには現実逃避は許されない。

何かに頼りたい、何かに責任を転嫁したい。何かに守られていたい、何かにつかまっていたい。そうしたものを一つひとつ投げ捨てて自立していく過程が成長の苦しい過程である。

人を愛そうとするなら、人はその何かに頼りたいという気持ちを捨てていかなければいけない。

何かに救ってもらいたいという気持ちも乗り越えていかなければならない。

自己中心的世界から解きはなたれずに人を愛することはできない。愛そうとする努力は、自己中心的考え方、行動の仕方から一歩一歩離脱していくことである。

自己中心的考え方、つまり「自分はこんなに苦しいのだ」ということばかりにとらわれていることから、その苦しい自分を乗り越えて、他人の姿まで見られるようになることが愛することなのである。

たとえ自分がどんなに苦しくても、その苦しさに負けて自分のなかだけに埋没してしまわないことが、自己中心的世界から脱けだすことである。

自分の苦しさに負けないこと、自分の苦しさに甘えないこと、自分の苦しさに酔わないことが、自己中心的でないということである。

人間は愛することによって改造されていく。自己中心的でなくなっていく。人間は愛そうとすることによって成長していくのである。

前述の彼は、相手を愛そうとはほんの少しもしなかった。ただ愛されることだけを望んだ。したがってどこまでも自己中心だったのである。

彼にとって愛されることを望むことは、その自己中心型な生き方を相手に受けいれてもらおうということにすぎなかった。

彼は一人っ子であった。親から溺愛され、何かあるとすべて彼以外の人間が悪いことにされた。

彼は生まれて以来、その年齢にふさわしい責任を追及されるということがないまま、大学を卒業し会社に入ってしまったのである。

小さな子供にとって母親との世界は、無責任が許され、そして特別な好意が得られる世界である。

自分は何をしても年齢以上の責任追及をされない。そして他者は自分に対して特別な好意をもっていてくれる。

そうした安心した世界で成長して自我が確立し、はじめて対等な人間同士の付き合いが可能になる。

基本的に、あるいは本質的にといっても良いが、母親との関係と恋愛関係は違う。母親との関係で満足し、それを卒業できていない者は、基本的に恋愛はできない。

溺愛と正常の愛との違いは何か？

正常の愛は絶えず相手を自立へと励ますことである。段階を踏んで責任感が育成される。そうなれば早く独立して自分の世界を作りたいと思うようになる。

そして正常の愛においては、母親の側が心理的に問題を抱えていないということである。

自分のことしか見ていないから騙される

ところで、前述の恋愛においておかしいのは彼だけではない。彼女の側も実はおかしかった。

だいたい、「私はあなたの陰の女であることでこのうえなく満足です」というようなことを20代のお嬢さんがはじめからいうわけがない。

そうなってしまってから、それで満足ですというのならまだしも、はじめから陰の女志願というのはおかしい。

実はこのお嬢さんも単なるナルシシストであるというにすぎなかったのである。

無私なる献身的愛のイメージに自分を同一化して酔っていたというだけにしかすぎない。

彼女にとって恋の相手は誰でもよかった。相手など関係ないのである。もともと自分の一人芝居なのである。

自分を献身的なる愛のヒロインにしたてあげて酔っていたいというだけで、相手はいさえすれば誰でもいいのである。

大切なのは、あくまで自分であって相手ではない。相手はもともと自分が愛のヒロインになるための舞台装置にしかすぎないのである。相手の存在そのものへの愛など、はじめから爪のアカほどもない。

しかしなぜ彼はこんな当たり前のことがわからなかったのか。もちろん恋をしたらすべてあばたもえくぼで、相手の正確な姿など恋の熱情が去ってからでないとつかめないということはある。ただ彼の場合、もう一つ大切なことを見落としてはならない。

愛されようとする姿勢の人間は、相手の愛の虚偽を見抜くことはできない。相手の愛の偽りを見抜けるのは、相手を愛そうとする瞬間である。

なぜなら、愛されようとする人間は自分しか見ていないからである。自己中心的であるからである。

愛そうとする人間は相手を見る。それゆえに相手の偽りの愛が見えてくる。

よく男女の仲でだまされたという話を聞く。だまされるのはたいてい愛されようとしているからである。自分の心の葛藤に気を奪われて、相手を見ていないからである。

愛そうという人間は相手を真剣に考える、相手の立場にたって、相手をみる。それゆえ、たちまちのうちに愛の虚偽を見抜いてしまう。

実は彼女にはもう一つ重大な心理的問題がある。それは自己犠牲的献身という愛の仮面をかぶったサディズムである。

フロムのいう好意的サディストである。好意的支配といっても良い。カレン・ホルナイもサディズム的愛という言葉を使っている。

ことに迎合的パーソナリティーの場合には狡猾《こうかつ》に表れる。

サディズムがサディズムとして登場してくるときにはまだ対処の仕方がある。しかし、サディズムが善意の仮面をかぶって登場してくると、対処は難しい。

これはもちろん恋愛ばかりではなくさまざまな形をとって表れてくる。

親子関係でも同じである。母親は「あなたさえ幸せになってくれればいいの」からはじまって「いいのよ、お母さんさえ我慢すれば」まで、さまざまな言葉でサディズムを間接的に表現する。

すべては、この母親の心の底にある空虚感や不安や恐怖や依存性や自己無価値感等々から出た言葉である。

そしてそれらを土台にしてサディズムが成長してくる。

そしていま述べたような言葉は、自らのサディズムを意識するのを防ぐための言葉である。

愛そうとしていれば、素晴らしい恋愛ができる

前述の愛は、退行欲求が激しくて愛されることだけを考えて、自分しか見えていない男性と、献身的悲劇的愛のヒロインに自分を同一化して酔っているナルシシストの女性との物語である。

実は2人の間には何の関係もなかったのである。

双方ともに相手は誰でもよかった。自分しか問題ではなかったのである。

その恋愛中、会社の旅行があった。バスの中での話である。その女性は他の男性と仲よくして騒いでいたのである。そして恋人のそばを過ぎるとき「ごめんなさい」といってケロッ

として他の男性と楽しんでいた。

これは普通の人には理解できないかもしれない。これを読んで作り話と思うであろう。しかし、これが先に述べた好意的サディストである。彼らは相手が苦しむことにある種の満足を覚える。

恋人のまえで他の男性と恋人のようにヒザに乗ったり乗られたりしていたのである。やがてその中の男性の一人とその旅行後ただちに肉体関係ができていた。

こんな馬鹿なことがあっても、彼は彼女の手紙を真に受けていたのである。それは何よりも彼が愛されようとしていたがゆえに相手のナルシシズムと淫乱さとを見抜けなかったからである。

それともう一つ、彼は自分の心の中の願望を、外側の世界に外化していた。つまり彼女を通して、自分の願望を見ていたにすぎない。現実の彼女を見ていたのではない。

彼は彼女が手紙で「あなた以上に素晴らしい男性はいない」などと書いてくるのを真に受けていた。彼女が本気で書いていると信じていた。

もちろん彼女は本気で書いていた。しかし彼女は彼を語っていたのだろうか？　いや決してそうではない。

彼女が語っていたのは、彼ではなく彼女自身だったのである。

彼女は彼を通して自分を語っていたにしかすぎない。彼を褒めあげることによって、自分を褒めあげていたのである。そんな素晴らしい恋人をもつ自分を語っていたにしかすぎない。

相手は誰でもよかった。彼女は相手を見てはいないし、相手に関心があったわけではない。

素晴らしい恋人をもち、素晴らしい恋愛をしている自分を語り続けていたのである。

彼女は毎日、毎日手紙を書いた。しかしそれは実は毎日、毎日無限に自分のことを語っていたにしかすぎない。

その手紙をもらった彼はあわれにも自分が語られていると錯覚していた。

男性も女性も、もし素晴らしい恋人に巡り会いたければ、愛されようとするよりも具体的、現実的な相手を愛そうとする姿勢で異性に接するしかない。

それがだまされないための唯一の方法である。

大人になるということは、対象を語れるということである。母親のなかには四六時中子供のことを語っている母親がいる。

しかし語っているのはやはり自分なのである。子供を通して自分を語っているにしかすぎない。

明けてもくれても子供の話をしていると、子供に関心があると錯覚するが、基本的には自分自身にしか関心がないのである。

明けてもくれても子供のことを語るが、決して他人の子供については語らない。自分の子供がどのようにして成長していくかということに関心があるわけではない。自分の子供に自分を同一化し、そして自分が同一化したところの子供を語っているのである。

それは自分を語っているのである。

ある意味では子供を通してしか自分を語れなくなっているということである。

ナルシシストは、相手に関心をもって相手を気遣うことがない。友だちのために友だちを気遣い、関心をもつことがない。

社会の人に対しても同じである。交番のお巡りさんに、商店街のおじさんに、年寄りたちに挨拶《あいさつ》し、社会に眼を向けることがない。

ナルシシストは、自分がよく思ってもらうための挨拶はするが、コミュニケーションとしての挨拶はしない。

相手を気遣う場合でも相手に関心があるわけではなく、相手から自分がよく思ってもらうための気遣いなのである。

相手に対する配慮であるが、あくまでも自己執着的対人配慮である。自分が相手によく思ってもらうための配慮である。相手のための相手への配慮ではない。


この2人の恋愛はもちろん病的な例である。

彼女は強度のナルシシズムの他に強度の依存心のもち主である。フロム・ライヒマンがいうように自己犠牲的献身は強度の依存心の表れである。

そして彼のほうは強度の母親固着である。

しかし、いまの時代の恋愛のなかにも本質的には同じような恋愛はたくさんある。心の病の程度がこれほど酷くないというだけである。

なぜ2人はひかれ合ったか。それはお互いに心理的に病んでいたからである。自分が心理的に病んでいるから、心の病んでいる人にひかれるのである。

はしがきに書いたように心理的に病んでいる人は、心理的に病んでいる人にひかれる。

心理的に病んでいる人は、心理的に健康な人との人間関係を築けない。心理的に病んでいる人は、心理的に健康な人との人間関係を築けないというよりも、心理的に健康な人との人間関係を避ける。

逆に、心理的に健康な人と近くなれば、心理的にパニックになる。

彼のような男性は母親以外には心を開かない。心理的にパニックになるのは、親しくなるとその閉じられた心を開かなければならなくなるからである。

おそらく彼も彼女も、母親という名前の他人はいたが、心を開ける母親はいなかったに違いない。だから2人とも心理的に成長できなかったのである。

ナルシシストと結婚すると離婚後も不幸に

ナルシシストというのは、何かわからないが絶えず不満な気持ちでいる。いつも何かを恐れているから、怖い夢を見る。

彼らの心の底を流れているのは恐怖感である。

そこで自分に都合のいいように現実を解釈する。現実をありのまま受け入れる能力をまったくもち合わせていない。

彼らが現実を見るときの大前提がある。それは「自分は素晴らしい人間である、自分は過《あやま》ちを犯すことのない人間である」ということである。

そうした前提のもとにすべての現実は組み立てられる。

好きな人ができれば、その人もまた必ず自分のことを恋していると思う。そして相手は自分のことを褒めるべきなのである。

あの人が笑わなくても、あの人は笑ったと思い、そしてそれは「自分のことを好きだからである」と解釈する。そして勝手に「私たち2人は恋人です」になってしまう。

したがって、その相手の男性が他の女性と歩いていればもう「裏切られた」と思う。そしてときには自分は裏切られた可哀そうな女と思ったりする。

あるいは「あの人は私をためしているのだ」と思ったりする。あるいは「あの人は可哀そうに、私のことが好きなのに他の女の人に追いかけまわされて」と思ったりする。

どう思うかは、そのときのその人が一番気が済むように解釈する。そしてあの人のためにこんな女にされたと騒いだり、復讐をしようとしたり、自分は相手を許してあげる天使のような女と思って自分にほれぼれしてみたり、いずれにしろ、これまた自分の気の済むような行動にでる。

こういうナルシシストの女性にひどい目にあわされて逃げだす男性もいるが、なかには間違って結婚してしまう男性もいる。

もちろんそういう男性もいるが、いまはたまたま女性のナルシシストの例をひいているだけであって、女性だけがナルシシストなどというのでは決してない。男性のナルシシストも心理的には同じである。

ナルシシストの女性と結婚した男性の悲劇は最後までつきまとう。

他に好きな男性ができて肉体関係などがいとも簡単にできる。しかしそんなときでも、自分の主人が冷たいので、私は意に反してこうなった可哀そうな女と思っている。

あるいは、自分はこうなるまいとしたのだが男性の強引さに負けたのだな、と平気で考えている。

もちろんいつもそう思っているわけではない。つじつまがあわなくなると自分で自分にそういういい訳をして自己弁護をはじめるのである。

たいていの場合は、主人のいないところで他の男性と肉体関係をもちながら何も感じていない。彼女にとっていい訳の必要さえないのである。

人は自分にやましいところがあるからこそいい訳をする。

ナルシシストの女性にはそのやましさがないから次から次へと平気で男性と関係し、何も感じない。

自分の主人が帰ってきてもその男性が家にいたりする。あまりにも平気でいるのでご主人は妻とその男性客とが関係しているなどと想像もできない。

ときにはそこにもう一人の男性客がふらりと立ちよって、主人とボーイフレンド2人の計4人と客室でお茶を飲んでいて平気な顔をしているというときがある。

彼女は、嘘をついているつもりは一切ない

こういうナルシシストを見抜けないのがおかしいと普通の人は思うが、人間は自分とまったくことなったタイプの人間の行動の仕方をそう簡単に理解できるものではない。

そして、やましいところがあれば人間の行動の仕方はどこか不自然さが表れてくる。しか

しやましさがないから不自然さがない。したがってすぐにはわからない。その主人がようやくおかしいと思うまでに1年近くかかり、わかったら次々にいろいろと明るみになり、ご主人が「愕然《がくぜん》とした」という場合がある。

もちろん離婚話はもち上がった。しかし彼女にとって離婚話は話であって、自分がメロドラマの女主人公になっているだけだった。

離婚話が出ても本当に離婚になるなどとは全然考えてないので、彼女にとって離婚話にはリアリティーがない。「私は可哀そうな女」と思ってむしろそのメロドラマを自虐的に楽しんでいる。

いつも想像の世界で生きているから、現実の世界の感覚がない。

カルト教団が事件を起こすと、よくメンバーに現実感覚がないという解釈が出るのも同じである。

彼らは小説を読んでいるのと日常生活が同じなのである。小説の主人公に自分を同一化しているのとまったく同じで、彼女にとってそれは自分の出来事ではなくひとごとなのである。

離婚話がはじめて出たとき彼女の心はほとんど動じなかった。そのときまだご主人はナルシシストというものの正体がわかっていなかった。

さしあたり財産を分けようということで、お金になるものはお金にしてご主人は妻に渡した。

しかし彼女は貯金やら何やらをすっかりもらっても、一向にいままでと生活態度は変わらず、お金が入ったので自分の贅沢《ぜいたく》な洋服などをやたらに買うぐらいでどうしようもない。

ご主人がまた離婚話をもちだすと、「へぇーそんな話ははじめて」という顔をするので、ご主人は再びびっくりした。

やがて2人は別居した。その生活がしばらく続いてから今度は別の事件が起きた。その奥さんはある街の悪徳弁護士と関係していたのである。

そしてその悪徳弁護士の入れ知恵で、離婚原因はあなただから慰謝料をくれといってきた。

数年の別居生活であるから双方に何らかの事件があっても別に不思議はない。しかしそこで面白いのは、その奥さんが別にそのとき、嘘をついているつもりではないということである。

何年か1人の生活が続けばなかなか自分をごまかしているのも難しくなって、これはどうも離婚になる過程らしいと思うと、今度はその原因は主人の女関係であると信じるようになる。

週刊誌の読みすぎなどという冗談ですまないのがナルシシストの恐ろしいところである。

別居中に確かにご主人は女性と付き合ったことはあったらしい。しかしそれが離婚原因と脅かされてビックリした。もちろんすべての財産はもともと奥さんにあげるつもりなのでそうした点で驚いたのではない。

さんざん不貞を働くことによって、ナルシシストの恐ろしさをわかったつもりでいながら、離婚原因は主人の女性関係と本気で信じているような自分の妻を見て驚いたのである。

都合のいいように解釈し、本気でそう思い込んでいる

ナルシスは自己欺瞞《ぎまん》の天才である。ここで天才というのは、本人は自己欺瞞であるとは意識していないという意味である。

自分に都合のいいように現実を解釈し、そう思い込むということである。

自分がさんざん男性と関係し、肉体関係のある男性を3人同じ部屋でもてなして、平気でいるなどといえば異常な女性と思うかもしれない。

あるいは、その3人の男性が馬鹿と思うかもしれない。しかし、日本を戦争に追いやった

日本の指導者でさえ、自己欺瞞を平気でやっていた彼女と同じ天才的なところがある。

彼女は我々日本人の例外でも何でもない。我々日本人の本質を表しているのである。

たまたま彼女には、その本質が現実化される機会が与えられたということにすぎないのである。

離婚原因は主人の女性関係と信じることのできる、自己欺瞞の体質の原因の一つは実は多神教の原理ではないかと推測される。

戦犯の人たちの遺書に、天国に行き、極楽に行き、魂は故郷に帰って、永久に家族を守るとあると読んだ。キリスト教と、仏教と、神道の3つを平気で使い分けて、何も感じないのが日本の戦争指導者であった。

彼女とて自分が男性と遊び歩いたという事実は、いくら何でも忘れていないであろう。しかしそれと離婚原因を切り離して考えることができるのである。

自分のまわりのものを、自分に都合のいいように使い分けることができる。

その間の矛盾には気を遣わない。

ヘブライ人が人類に残した遺産である唯一神とは、ごまかしのできない考え方である。

人間というのは矛盾した存在であるし、社会もまた矛盾を内包している。したがって一つの原理ですべてを割り切ることは難しいし、また人間にとって都合が悪い。その場その場で自分に都合のよい神をもってくるのが一番楽である。もしその矛盾に苦しむことがないならば。

しかし元々の一神教はこんな都合のいいことを許さない。唯一神を信ずる者は、その場その場で自分に都合のよい神をもってくることはできない。

唯一神ヤハヴェに誓いをたてるのである。その誓いを破ったら、とんでもないことになる。都合のいいときだけ神を利用するなどというなまやさしいものではないだろう。

民族統一の戦いのなかから生まれてきた、砂漠の宗教であるユダヤ教はそんななまやさしいものではない。若い頃読んだ本には「われは万軍のヤハヴェなり、と叫ぶ神である」とあった。

その神の前に人々がおそれおののく砂漠の宗教は、自分の都合にしたがってその場その場で自分の行為を正当化するために使えるような、なまやさしいものでは決してない。

それだけに日本人のナルシシストは恐ろしい。

第二章

無条件の愛を求めるから歯車が合わない

いつも自分だけを褒めていてもらいたい

彼はよく突如として不機嫌になった。彼女にはその理由がまったくわからなかった。いままで陽気にしゃべっていたかと思うと、急に黙ってぶすっとしてしまうのである。そしていったん不機嫌になるとなかなか機嫌が直らない。

彼女としては長い時間ただ機嫌が直るのをじっと待っているしかなかった。我慢しているよりほかになかった。

彼女がその不機嫌の理由を聞いても、決して彼はそれを説明しなかった。

通常彼はたいへん陽気で他人に親切であった。そして他人をもてなすことが好きな男性である。

ただ機嫌がいまよかったかと思うと一気に不機嫌になってしまうということで彼女は困り抜いていた。

あるとき街を歩いていて、高級洋服店に入った。そこに別の２人連れが入ってきて、そこにあるものをパッと買って出ていってしまった。

彼女は笑いながら「お金のある人っていいわね」といってしまったのである。すると、その瞬間より彼は不機嫌になった。

そのときは彼女も内心「しまった！」と思った。そしていつものように、彼は大変陽気に振る舞っていたのが、一気に猛烈な不機嫌になってしまった。

しかしそのときはいつもと違って、彼は猛烈に彼女の性格をなじった。彼女に正義感がないというのである。

しかし、このことで彼女はおぼろげながら、彼が一気に不機嫌になることがなんとなくわかったような気がした。

おそらく多かれ少なかれ、その程度に差はあるにしろ、その種のことを気がつかずにいっているのではないかと彼女は考えた。

つまり彼女は、彼の心の中にある深刻な無力感に漠然と気がついていた。

彼にとってはその無力感から自分を守る唯一の方法が優越感だったのである。

先に彼を、他人をもてなすことが好きな男性であると書いた。それは人をもてなすことで相手のお気に入りになることが目的だった。喜ばれることで彼は自分という存在を感じることができた。

他人をもてなすことが好きということは彼の場合には彼の自己不在を表していた。

彼女としてはその後から入ってきた2人連れはいやだったのである。1人は何か脂《あぶら》ぎった不動産会社の社長のようでもあり、女性のほうもハデな服装をして濃いお化粧をしていてキャバレーのホステス風であった。

何も水商売の人が悪いというのではなく、彼女はその人たちに知性とか教養というものを感じなかったのである。

それに「お金がある人はいいわね」というのは半ば冗談であり、むしろそういうことで、そんな彼でないことが嬉しかったのである。

しかし、この一言が彼のナルシシスティックな心をえらく傷つけて、一気に彼は不機嫌になってしまった。

自らの自由が侵されたときよりも、自らの主義主張が脅《おびや》かされたときよりも、彼にとっては自らのナルシシズムが傷ついたときのほうが大問題なのである。

彼にとって自分は素晴らしい人間なのである。自分だけが素晴らしく、他人は素晴らしくない。

自分が素晴らしくても他人が素晴らしいのでは気に入らない。

この情緒的に未成熟な部分が刺激されると彼は突然機嫌が悪くなる。

彼は、他人が褒められることで何か自分の尊厳が傷つけられるような気がするのである。

他人が褒められることは彼にとっては面白くないことであった。

褒めてもらうのは自分一人でなければ気に入らない。そして自分一人が褒められれば、それだけで楽しくて楽しくて仕方なくなってしまうのである。

それだからこそちょっとした一言で大喜びし、ちょっとした一言でまた一気に不機嫌になる。

それでは彼の陽気さはどこからくるのか。

それは、劣等感からくる深刻な彼の怒りと不安を覆い隠すための、単なる仮面でしかない。

不機嫌がすぐに直らない理由と、彼らの「正義」

ナルシシストの特徴の一つは急に機嫌よくなったり急に不機嫌になったりすることであ

る。ことに恋人というような自分にとって重大な人の一言一言は彼の気持ちに決定的に作用する。

彼は無条件の愛と無条件の称賛を求めていたのである。情緒的に未成熟なナルシシストほど自分が称賛されることが嬉しく、他人が称賛されることが気に入らない。

そして、無条件の愛とは母親の愛である。

彼は無条件の愛を心のなかで求めながらそれを得られず、無条件の称賛を心のなかで求めながらまたそれも得られなかった。

幼児は無条件の愛を求める。それを与えるのが母親である。しかし大人になってから幼児のように無条件の愛や称賛を求めても無理である。

そして何よりも彼をいつまでも不機嫌にしていたのは、その不満の理由をあからさまにいえないことであった。

あからさまに自分のことをいえないところに心理的成長に失敗した人の大きな問題がある。

小さい子供は自分のことをあからさまに正直にいえる。もちろん完全にというわけではないが、子供は面白くなければ大人よりははっきりと面白くないといえる。

無条件の母親の愛や称賛をいまだに求めながらも、他方でその第一次的な母親との絆を断ち切りたいというのが青年期である。

彼はすべてにおいて独立した一人の人格を求めながら、現実においては他者に依存しなければ生きていけないのである。

彼のなかで2つの相異なる願望が正面からぶつかり合っている。

独立を求めながら、他方で幼児的依存心を断ち切れない。

現実には無条件の愛や称賛を求める、情緒的未成熟な人間でありながら、他方でもっと独立した人格に憧れている。

自分の憧れている成熟した人格と、現実の自分との間に開きがある。

それゆえに彼はいったん彼のナルシシズムが傷つけられて不機嫌になると、なかなか直らないのである。

なぜなら、彼女に自分はなぜ不機嫌になったかをいえないからである。面子《めんつ》があるから素直にいえない。そして、彼女に何を改めてくれと素直にいえない。あからさまに彼女を責められないからである。

彼がなりたい人間は、大きな、かつ高貴な人格者である。

それゆえに彼は自分の恋人に「他人を褒めるのは嬉しくない」とはっきりといえない。自分の情緒的未成熟をあからさまにいえない。

彼は、自分はそんな小さなことで傷つかない大きな気持ちの人間であるところを恋人に見せたいのである。しかし現実の彼は情緒的に未成熟である。

彼はそのギャップを屁理屈《へりくつ》で埋めなければならない。

そうなれば悔しさや劣等感が、愛や正義の仮面をかぶって登場するしかない。

そして屁理屈で埋められないときは、ただ不機嫌に黙り込むだけなのである。

彼がその洋服店で2人連れにあったときは、彼らと彼女を非難する大義名分はあった。いまの社会はけしからん、馬鹿が金をもってまじめな優秀な人間は金をもてない。その社会的不平等の現実に怒りを感じない恋人を彼は激しく責めた。

「あいつらはブタなのだ！　ブタ！　恥知らず！」彼はあらゆる言葉を並べてその2人を責め、同時にその2人に憤りを感じない彼女をヒステリックに責めた。

彼の主張する正義はカレン・ホルナイのいう報復的正義（retributive justice）である。悔しさが正義に変装しているだけである。

報復的正義というと、それは本来報復すべき相手に対して報復しているようであるが、違う。

彼は、いつまでもいつまでも彼女を非難し続けた。それは彼女が問題なのではなく、彼のナルシシスティックな願望が挫折したことによる怒りであった。その心の傷が治るまでは彼の機嫌は回復しない。

彼女を延々と非難しているのは、彼女が悔い改めることを求めているのではなく、自らの失われた自我のバランスを回復しようとしているだけなのである。

彼の機嫌が直るか直らないかは彼女が悔い改めるかどうかにはかかっていない。

彼がそこまでヒステリックに怒りながら、生活の他の面においては、彼はまったく現代の経済的不平等を怒らない。

そのことが何よりもこのヒステリックな非難が彼のナルシシスティックな願望が満たされないことによって起きた不機嫌にしかすぎないことを表している。

幼稚な人間のナルシシズムが傷ついたときの怒りは激しい。

それほど「ブタ、恥知らず」というなら、少しは政治に関心をもつかというと、どちらかといえば彼はノンポリ無関心派である。

選挙では投票にも行かない。正義感をふりかざし現代の経済的不平等を非難したところで

「高貴なる人格」は傷つかない。それゆえにこそ、そうしたかたちで自らの不満を吐き出したにすぎないのである。

正義を盾に自分の鬱積した怒りを吐き出しているにすぎない。

「他人を褒めるのは面白くない」といってしまえば、自らの高貴なる人格に傷がつく。

自らの現実の低次元な願望と、自分が求める人格とのギャップを正義感で埋めるからこそ、青年期の生活には一貫性がない。

その正義感とは先に述べた報復的正義である。

ただそれはいずれ解決していかなければならない。そのような自らのナルシシズムを克服していくことが愛なのである。

無条件の愛を求める自分から、他人を愛せる自分に脱皮していくのが大人への辛く長い道のりである。

別れが成長させる愛もある

彼女の場合、彼とはやがて別れた。それはそれでよいことだろう。彼がいつまでも無条件な愛や称賛を求めるナルシシストから脱皮しようとしない限り、別れる以外に解決はあるまい。

現実の自分を変革し成長していく努力をしないで、いつまでも「報復的正義感」でギャップを埋めている限り、いかなる人間関係であろうと平等な人間関係は無理に決まっているからである。

私たちは平等といえば他人に要求するものであるとばかり思っている。しかし平等とは自らの成長も要求する概念なのである。

ナルシシズムを克服しない限り、恋愛関係を含めて人間関係は母と幼児の関係以外の関係とはなりえない。

人は愛というとバラ色の楽園を思いうかべる。しかし愛とは厳しい試練の園なのである。一つひとつ自分の心を束縛している絆を断ち切っていくことである。

女性専門の週刊誌、雑誌などに、いかにうまく恋人や夫と付き合っていくかが書かれていることがある。書かれることはかまわない。

しかし多くのその内容は、いかに彼のナルシシスティックな願望を挫折させないかという技術的観点なのである。

自分の父親の自慢話をしてはいけないとか、たとえ兄であっても、兄が優秀な人であるといってはいけないとかいう類《たぐい》である。

こうした話はナルシストにとってきわめて不愉快である。

したがってこうしたことを常に話題にしていれば付き合いがうまく楽しくいくはずがない。

これらのアドバイスは「相手のナルシシズムを受け入れろ」ということである。

相手のナルシシズムを受け入れるということは、２人の間の健康な人間関係の否定にしかすぎない。

それなのにそれらの雑誌は、いかにして彼のナルシシスティックな感情を傷つけないようにするかということを説いている。

ナルシシストと心理的に健康な人間関係を樹立することは無理である。

無条件の愛を求めている男性を愛することは、人間の女性にはできないことであろう。神ならぬ身の人間にできることは、相手の成長を願って別れることである。

あるいは「私は彼の母親になる」と本気で決断することである。

ナルシシストというのは決定的な場面にくるまでは、「たか」をくってきれいごとをい い続ける。

しかし、決定的な場面ではもはやあらゆる醜悪さをさらけだして相手にしがみつく。

人形の家を出ていくとき、それは情緒的に成熟した女が愛を決断するときである。

偏見とは憎しみが変装した姿である

彼は彼、女を本気で天使のような素晴らしい女性だと信じていた。彼は29歳である。29歳といえばもう女性とのいろいろな体験を通じて、少しは理性的になってもいい年齢である。ところが、彼は彼女を天使のごとき女性と信じて、すっかり恋の虜《とりこ》になっていた。恋をすればたいていは、自分の相手は世界でもっとも素晴らしい人間と思いがちである。しかし、こうしたことも若いうちで、20代を過ぎる頃から、自分の恋人もまた他の人と同じ人間でしかないと思うようになる。

そしてむしろ、そうしたただの人間だからこそお互いに励まし合い、かばい合いながら共に人間として成長していきたいと願う。またそれだからこそ恋することの尊さがある。そして29歳といえば、そのただの人間が成長していくことの尊さをわかってくる頃でもある。

しかし彼は29歳にして、なおかつ自分の恋人を神のごとく思ったのである。

彼女は貧しい家の、美人の女性であった。ふとしたことから知り合ったこの女性に、彼はのめり込んでいった。

実は彼は、この女性と恋に陥る前にも恋愛の経験はあった。それはある中ぐらいの会社の社長の令嬢だった。小企業というのではなく、やはりある程度の大きさの会社であった。しかし大企業というのではない。

社長である父親は、なんとかして娘を上流階級といわれるところに送り込みたかった。ところが彼は平凡なビジネスパーソンの家庭の息子であり、有名大学・有名企業というエリートコースを歩んでいるわけではない。

そこで彼女の父親は、当然のことだが2人の恋愛に反対であった。

そして父親は彼女が大学を卒業すると同時に、むりやりお見合いをさせて、彼から彼女をひきはなしてしまった。

彼は彼女と彼女の父親を気がおかしくなるほど憎んだ。

そしてお金持ちというものは、すべてそうした利害だけで動くもので、人間の美しい精神などは理解しないのだと激しく心のなかで責めていた。

しかしその憎しみの激しさは、逆に彼がいかに深く彼女にとらわれているかを示していた。

彼はお金持ちの女性一般に対し限りない不信を抱くようになった。もうお金持ちというだけで彼はどのような女性も信じられなかったのである。

そして逆に貧しいといえば、貧しいというだけでその女性が素晴らしい精神のもち主であるように思われた。

この彼の偏見こそ彼の憎しみが変装した姿である。

貧しい家に生まれた美人の彼女が彼の眼の前に現れたのはそんなときだった。

自分のなかにある女性に対する、どうしようもない不信に苦しんでいるときに、その女性は現れたのであった。彼の家も彼自身もおおよそ中産階層であったので、彼が接する女性も大方いままでは中産階層であった。

ところが今度ばかりはいままでにまったく接していない女性であった。

それだけに彼にとってはきわめて新鮮であった。彼は彼女によって自分の女性不信が急速に回復していくのを感じた。

「僕は君に会えたことで人間を信じられるようになった」と彼はいつも彼女にいっていた。そしてその点で彼は幸せであった。

「こんな素晴らしい女性もいたのだ。俺のいままで接してきた女性というのは、なんとつまらない一定の範囲の女性だけであったことか」と彼は自分の世界が大きくなったようにさえ感じはじめていた。

彼女がデートの時間にちょっと早くきて待っていれば、お金持ちの女にはこんなやさしい心遣いがないと思われて仕方なかった。そしてそのたびに彼女をますますいとおしく思った。

偏見とは「針ほどの事実を棒のように大きくして解釈する」（註：Gordon Allport, The Nature of Prejudice, A Doubleday Anchor Book, 1958,『偏見の心理上巻』原谷達夫・野村昭共訳、培風館、1961, p.7）ことである。

何かプレゼントでもして喜べば、お金持ちの女と違いなんと感謝する心を知っていることかとまた彼女を崇《あが》めた。

お金持ちの女は醜い、貧しい女性というのは悲しみに耐えているからなんと美しいことか、労働するということはなんと人間を人間らしくすることか、お金持ちの女が何もしないで贅沢をしている姿はなんと醜いことか、彼にはもう彼女が美しくて、美しくてたまらなくなっていた。

そして遂に彼は彼女を天使と信じるようになり、やがて2人は結婚した。

オルポートによれば、偏見とは「十分な証拠なしに他人を悪く考える」ことである。そして「指ぬきのようなわずかな事実を与えられると、大きな桶のように一般化する」(註：Gordon Allport, The Nature of Prejudice, A Doubleday Anchor Book, 1958, p.9)

人はちょっとした一つの事実を直ちに一般化しがちである。オルポートはそれを「過度の一般化」といっている。

とにかく彼はお金持ちを悪く解釈し、逆に彼女の些細《ささい》な言動を良いほうに誇張する。自分の心のなかで彼女の些細なことを強調し、それをもって彼女の人格全体を解釈し、「あの人は天使です」と主張する。

さらに重要なことは「偏見は根本的にはパーソナリティーの一特性である」(註：前掲書p.71)。

そしてその偏見のパーソナリティーの根底には不安感があるとオルポートはいう（註：前掲書 p. 372)。

まさに彼のパーソナリティーの根底には基本的不安感があった。だからその女性が天使である証拠が彼はほしい。

彼には彼女の現実に立ち向かう勇気はない。

欠点を認め合えなかったゆえの悲劇

熱愛からの結婚であったが、一年も経たないうちに2人はおかしくなりだした。

彼は次々と彼女に失望しはじめた。２人のいままでの生活のルールの違いからくるズレが彼を苛立《いらだ》たせはじめたのである。

彼の家では夜、食事をしてから母親はテーブルをきれいに片づけた。しかし結婚してみると彼女は「今日はめんどくさい」といって夜の食器を洗わず、翌朝食器がガビガビになっていたりしていた。

彼女は別にそれを気にしていなかったが、彼のほうは、それが気になって仕方がなかった。

そうした、いままでの生活習慣の違いはどの結婚にもある。しかしそれは、もし2人がお互いに人間として愛し合っている場合はなんとか乗り越えていける。

しかし、お互いが欠点をもっている人間として認め合い、その上で愛し合っていないときだと、どうなるか。この生活のズレはかなり大きな2人のコミュニケーションの障害になってくる。

彼の熱は急速に冷めてしまった。そしてむしろ彼女のことが疎《うと》ましくなり、彼女との生活感覚の違いがいちいち気になりだした。

遂に2人は別居するところまでいってしまった。

別居したことによって、お金はひどくかかるようになった。

彼はビジネスパーソンとして会社に勤め、給料をもらうほかに、校正の技術を身につけ、日曜や夜は小さな出版社から仕事をもらっては、原稿の校正のアルバイトをしていた。

肉体的にすぐれていない彼にとって、このことはかなり辛かった。彼は青白い顔をして次第に生気を失っていったのである。

しかし、どんなに働くことが苦しくても、また彼女と一緒に生活することよりはよかった。

彼女と一緒に生活しさえすれば、そんな青白くなってアルバイトなどしなくてもよかったのである。

しかし彼は、もはや彼女が気持ち悪くさえなり出していた。

離婚した人の手記などによく、夫が玄関に帰ってきたとわかると、それだけで気持ち悪くて全身に鳥肌が立ってしまうという告白がある。彼はそんなものを読んで、その通りだ、その通りだと思っていたのである。

ナルシストは相手の立場にたって考えられない

そんなとき彼女から手紙がよくきたりした。もう一度一緒に暮らそうとは書いてなく、彼への不平不満がびっしりと書いてあった。

そしていつも手紙の最後には、「あなたは別居して、自由になって一人でいい気になっているけれど、私はどんなに苦しいかわかりますか」というようなことが書いてある。そしてそれはどうやら本気らしいのである。

例のナルシシストの考え方である。相手の現実がわからない。自分のことだけしか考えられない。自分は苦しいけれど、他の人間は楽をしているという風に考えるのである。

ナルシシストは他の人間の立場にたってものを考えることができない。もし彼女とて彼の立場にたってものを考えたら、一人でいい気になっているはずがないくらいのことはわかるはずである。

このいまの世の中で、一介のビジネスパーソンが毎月一定の額を送るということは並大抵のことではない。しかし彼女にはそれがわからない。

そして「あなたは一人でいい気になっているけれど、こっちは」という締めくくりの言葉で、アルバイトで青白く疲れた彼はいよいよ彼女を憎み嫌うようになっていった。

ただ送金だけは責任感から続けていた。毎月送金するとき彼は口惜しくて仕方なかったが、考えてみれば結局自分の選んだ相手なのである。誰に頼まれたわけでもない。自分が自分で熱烈に好きになって一緒になったのである。

そして口惜しいけれど、送金するたびに、彼は昔の自分を思い出して信じられない気がした。どうしてあんな女にあそこまで夢中になったのか、覚めてみるとどうしてもわからないのである。

彼は彼女を天使のような女であると本気で思っていた。そこまで熱烈だった。それには決して嘘はない。

しかし実をいえば、彼はまったく彼女自身を愛していたのではない。彼を熱烈に燃えさせたのは彼女自身では決してなかった。

彼をあそこまで燃えさせたのは、ふられた恋人に対する憎しみであったのだ。熱にうかされたような異常な恋というのは何らかの人格の欠陥を含んでいる。

彼は憎しみにとらわれていた。憎しみにとらわれている人間が正しい判断ができるわけがない。

自らの内部の憎しみに眼が曇らされて、外部の世界をあるがままに受け取ることができない。

欲求不満な人間が正しく外界の現実を理解できない。自らの心のなかにおける経験を、外部の世界における経験と勘違いする。心のなかで起きている感情を、外部の正しい表現と勘違いするのである。

憎しみにとらわれている人間は、自らの内部における経験が正しく外部の世界を代表しているものと錯覚する。

自らの内的世界と外側の現実とが区別されていないのである。区別されていなくて同じものになってしまっている。

彼は憎しみを抱いていた。そこで彼は、自らの内部で、自分を捨てた女に復讐していただけなのである。

その復讐のエネルギーこそが、新しい恋人への絶賛であった。それは憎しみのエネルギーで愛のエネルギーではない。

愛のエネルギーは、憎しみのエネルギーのように激しいものではない。もっと静かにかつ持続的なものである。そしてそれはむしろ意志によって持続される。

彼は彼女を見てはいなかった。彼にとって問題は、自分を捨てた女への復讐であったのである。

彼は自分の外側の「現実の彼女」を見てはいなかった。彼は自分の心のなかにいる「理想の女」を彼女と間違えたにすぎない。

彼女を通して、自分の心のなかを見ていたにすぎない。

彼は憎しみによってバランスを失った自らの自我の回復のために、自らの内側に一人の女性を必要としていたにすぎない。

その内側にいる女性に恋していたにすぎないのである。それはちょうど高校生が恋に恋していて、自分の理想像と現実の相手とを間違えるような幼稚な恋であったのである。

29歳の男性も憎しみにとらわれていると、15歳の高校生と同じ心理的発達段階になってしまう。

実はこの2人、一方は憎しみにとらわれ、他方はナルシシストであった。

そして2人は恋の炎に身をまかせているとき、限りなく話をし、手紙を書いた。

しかし実は2人の間には何のコミュニケーションもなかったのである。2人とも現実の相手と話しているのではなくて、自らの内なる世界にいる架空の人間と話していたにすぎない。

心理的な欠陥の一つの特徴は、現実の他人とコミュニケーションできないということである。感情的に障害をもっているとき、人間は現実の人間とのコミュニケーションができなくなる。

2人とも現実とは関係のない想像の世界で生きていた。

恋愛は信頼関係である。

偽りの恋はいつも「私はこんなにもあなたを愛しています」という。しかしそれは嘘。

本当の愛には過激な言葉はいらない。

愛する能力のない人は、ペラペラと心のない言葉をいう。だから余計に恋愛ができない。

愛とか恋については、映画とか本では言葉がいる。解説には言葉がいる。恋愛論には言葉がいるが、恋愛そのものには言葉はいらない。

もう一度いう。恋愛そのものには言葉がいらない。

お互いに不安だから、「好きだよ」という言葉をいう。その言葉で、いまの恋愛状況を作ろうとする。

待っていても幸福は得られない

恋人同士がよく、「君を幸福にしてみせる」などといったりする。

特に男は自分の恋人にそういうことによって、自我の高揚を感じたりするものである。

そして女性のほうは、「君を幸福にしてやる」とか、「幸福にしてみせる」といわれると、自分が愛されているような感じがして幸せになる。

もともと幸福とは自分でなるものであって、他人に幸福にしてもらうものではない。他人の力で幸福になれるものでもないし、他人の力だけで不幸になるものでもない。あくまでも幸福とは自分でなるものである。アメリカの独立宣言に、「Pursuit of Happiness」というのがある。確かにその通りであって、それは人間の権利である。

しかしあくまでも「Pursuit of Happiness」というように自分で幸福を追求するものである。

そして自分が幸福になるというところに、「Independence」ということの意味がある。

つまり Independence ということは Pursuit of Happiness と分かちがたく結びついているのである。

「幸福にしてやる」という言葉は、実をいえば相手を馬鹿にした言葉でしかない。

相手が独立した人格ではなく、ひ弱な依存的な人間であるということを認めた者が、相手に対して「幸福にしてやる」という言葉をいえるのである。

そして女性はこれをいわれるとニコニコする。そういうような幸福に襲われる。男性が「幸福にしてやる」ということによって自我の高揚を感じ、女性がそれによって幸福な気持ちになるのだからそれでいいではないかということをいう人がいるかもしれない。しかし、そういう言葉をいわれてニコニコする女性だからこそ、子供ができれば子供を束縛する。

50歳、60歳になると他人の生活に干渉し、ある人は仲人狂《なこうど》になり、ある人は娘や息子の恋愛に干渉してそれを壊したり、配偶者に毎日毎日ブツブツ文句をいいながら暮らすことになる。

若い頃にやっていたことというのは、実に見事に年をとってから出るものである。

高齢になってから孤独に苦しむ人

若い頃、人間のうちで葛藤する成長欲求と退行欲求のうち、退行欲求にしたがって生きていた者は年をとると毎日不平タラタラで不愉快な日々を送ることになる。

年をとってかくしゃくとしている人というのは、若い頃退行欲求と成長欲求という2つの矛盾した欲求の葛藤のなかで、自ら成長欲求を選んで生きてきた人である。

「幸福にしてやる」などと男性がいったとき、それほど喜ばない女性というのが年をとってからもそれなりに楽しい人生を送るのではないだろうか。

他人に迷惑をかけず、自分の勉強をしたり、運動をしたり、最後まで生きていることの意味をそれなりにもち続けられる人である。

高齢になって孤独に苦しんで毎日を送っている人のなかには、若い頃、「幸福にしてやる」などと男性にいわれていい気になった人もいるのではないのか。その言葉で気持ちよくなるほど依存心の強い自分を許していた人もいるのではないか。

「幸福にしてやる」という言葉は極端にいえば大変失礼な言葉である。

そして「幸福にしてやる」ということは、いうほうは裏で感謝されたいからいっているのではないか。

そしてそういうことをいう人間というのは、たいてい結婚するようになれるまでにしてくれた両親に感謝しなければとか、自分たちを育ててくれた人に感謝しなければとかいうことをいい出す。

さらに「感謝しなければ」とラッパを吹く人が必ずしも本当に感謝をしているとは限らない。本当に感謝をしている人は、心の底にその気持ちを大切にしまっているものである。

そもそも感謝とは他人にすべきことであると同時に、本質的には造物主にすべきことである。造物主への感謝を除いて、直接人にだけ感謝をするというのは、その人が他人から感謝をされたいから自分も他人に感謝をしているだけの話である。

第一に、造物主への感謝があって、しかるのちに人々への感謝がいくのならまだしも、造物主への感謝を除いて、ただ人に感謝することを強制するような人間というのは、あるいは自分がそうしている人間というのは、自分が感謝されたいからそうしているだけの話である。

「理想の相手」の正体

我々はよく「理想の女性」とか「理想の男性」とかについて語る。しかしよく考えてみれば、「彼女は僕の理想の女性だ」といって彼女について語ることの内容は、自分にとって都合がいいというだけのことが多い。

それは女性が「彼は理想の男性だ」というときについても同じである、ある土地成金のお嬢さんがいた。彼女は虚栄心が強く自分の家が土地成金であることが嫌であって、何らかの地位がほしかった。

そこに現れたのが以前の華族であった。いまの若い人が一般にまだ昔の華族などに何らかの魅力をもっているとは思われない。昔の公爵だの伯爵だの男爵などの名前をいってみたとて知らないだろう。ところがそのお嬢さんはくさるほどお金があったが、それは土地を売ってできたお金で、そうした一切の伝統的価値とは無関係の人だった。

そこでたちまちその昔の華族の人に恋してしまった。

冷静な第三者から見れば馬鹿馬鹿しいことであるが、当の本人たちは真剣である。まずそのお嬢さんは殊勝にも、「私とあなたでは身分が違います」といった。「私のような人間ではなく、もっと家柄のある人でなければ」といっていたのである。

ところが男性のほうは「もういまの時代に家柄なんて関係ない。僕はあなたがどんな家柄の人だって関係ない。あなたのように素晴らしい人を生み育てた家庭が素晴らしい家庭なのだ」という。

もう2人はお互いを褒め称えた。

その女性から見れば「なんと謙虚な男性なのだろう。自分の家柄を鼻にかけてない」となって、「素晴らしい!」となる。

なんとかして伝統的な価値と結びつこうとしていた彼女にとっては、都合がよかったのである。それが彼女には人格者と映った。

そして2人は同棲に入った。その「人格者」に参っていた彼女は、同棲中も「もし私が嫌になったら捨ててもいいのよ」といっていた。

そこで彼は自分の仲間に、恋人は天使のような女性と褒めちぎった。

「お前らにはこんないい女性は見つからないだろう。こんないい女性には慕われないだろう」と得意だったのである。

彼が得意になるのは当たり前で、情緒的未成熟な男性にとって、こんな都合のいい女性はなかなかいない。

お互いに相手を理想の男性、理想の女性と褒め称えていた。

彼らが気づいていないのは、自分が勝手に相手に付与した性格に、自分が勝手に反応しているにすぎないということである。

彼が勝手に「天使のような女性」と決めただけである。彼が一人で勝手に、彼女を「天使のような女性」と決めて、彼がそれに反応している。

カレン・ホルナイによると外化といわれる心理過程がある。

彼は自分自身のなかで何が起きているかに気がついていない。しかしそれがあたかも自分の外側で起きていることとして経験する。それが外化といわれる心理過程である。

外化は他人の美点や欠点を認識する障害になる。

彼は彼女が天使のような女性であってほしいという心のなかの願望を彼女に外化した。

自分の心のなかの願望を、彼女を通して見ていただけである。現実の彼女を見ていたわけではない。

そして、そのことが彼女の欠点を認識する障害となっていた。

そして、残念ながら恋の熱情はそう長く続くものではない。

情緒的に未成熟な人は執着が強い

昔の公爵などといったって、自分の手の届かないところにあるうちは素晴らしく見えるけれど、現実に同棲をはじめれば、幼稚でくだらない一人の男性にしかすぎない。

男性にとってもはじめは肉体を与えられれば感激するが、その感激も長続きするものではない。ときが経つにつれてそれは当たり前のことになってしまう。

2人の気持ちは冷えてくる。

今度は女性の側は肉体と引き換えに結婚しなければ損だということになる。2人の関係はもつれだした。

「話がはじめと違う」と2人とも思いだした。結末は女性が男性を訴えて、裕福な家の彼女にとってさして意味のない慰謝料をとることになった。

貧しい男性のほうは親からもらっていた遺産をすべてとられてしまった。これは彼にとってはたいへん痛いことだった。

そしてもはや2人の仲は公然のものであり内縁関係であったので、彼は社会的にも傷ついた。

ことは簡単なのである。少々品の悪い言葉を使わせてもらえれば、安物買いの銭失いである。ただほど高いものはないということである。

男性はうまく同棲ができて男性の身勝手さが許されるので、相手を理想の女性と思っていただけの話である。

もちろん当の本人が本気で理想の女性と思ったことには嘘はない。ただなぜ理想の女性と思っていたかといえば、その女性が自分の身勝手を許すような言動をしたからにすぎない。

人間は他人の身勝手さはすぐにわかるが、自分の身勝手さにはなかなか気づかないものである。

自己中心的な人間の問題は自分が自己中心的であると思っていないことである。

女性の側からすれば、うまく一人の都合のいい男性が引っかかってきたというだけの話であろう。彼女にとっても「これはうまい話」であったのである。

彼女もまたうまいこといく相手が見つかったという自分のエゴイズムの恐ろしさには気づかず、相手を「人格者」だといっているにすぎなかったのである。

自分の利害を離れて一人の人間としての人格者なのではなく、自分の劣等感を癒すのに都合が良いから、相手が人格者になっただけである。

2人とも、自分の心の葛藤の解決に役に立つから、「うまいことといっている」と無意識に思っていたのだろう。

お互いに自分の利害を離れて、相手を一人の人間としていろいろな視点から見ることができなかったというだけの話である。

情緒的に未成熟な人は執着が強い。相手を利害関心でしか見ていない。相手を多面的に見るのではなく、自分にとって役に立つか立たないかという視点からしか見ない。

そこで相手は代理可能な存在になる。

情緒的に成熟した人は相手を独立した一個の人間として見る。

結果は、そんなうまい話はないのだということで2人ともひどい目にあった。いってみれば2人とも他人を見るのが甘かったのであろう。

自分も人間だが他人も人間なのである。自らが神様でないがごとく他人もまた神様ではない。

神様のようなことをいう人間はどこかにごまかしがある。そして、相手の神様のような言葉にのっかって行動する人間は積極性、自立性が弱く、世間を甘く見ている。

先に外化の心理過程について触れた。これは何も恋愛ばかりで起きることではない。

情緒的に未成熟な人は自分に都合のいいことをいう人を信じてしまう。だから騙《だま》される。

ある人が不動産を買った。しかし土地の広さについて不動産屋さんから騙されていた。隣接する土地の一部を、その人は自分の土地と思わされて買っていた。

そのことが後で判明した。しかしその騙された人は不動産屋のいうことを信じる。なぜならその広い土地を自分の土地と思いたいからである。

不動産屋に騙されたと認めないで、隣人と紛争を起こした。

自分の願望にしたがって現実を歪《ゆが》めて受け取る。自分の欲を満たすように現実を解釈してしまう。

よくあるのは「あの人は私を救ってくれる存在」であってほしいという願望の外化である。カルト教団の教祖に対する信者の心理である。

誰かが「私を救ってくれる人」であってほしいと思う。するとその人が「私を救ってくれる人」になってしまう。

外化は他人をどう見るかというときに、起きてくる心理過程である。

あの人は天使であると思いたい。そうすると天使であるという特質をその人に付与してしまう。

自分が他人より優越している心理的必要性がある。

なぜなら復讐心があるから。そこで他人が劣っている必要性がある。

そうすると他人に「劣っている特質を付与する」。

恋人に対する認識から、外国に対する認識まで外化の心理は現実認識を歪める。

幼児的願望が満たされていないことが自己執着の原因である。情緒的に未成熟な人は自分のことしか考えられない、それが自己執着である。

執着は心の底にある満たされない幼児的願望が、自らを満たそうとしている心理現象である。それが心の葛藤となり不安の原因ともなる。

幼児的願望が満たされない人に向かって、「他人のことを考えろ」といっても無理である。それは犬に木に登れというに等しい。

自分のことしか考えられないから、人と親しくなれない。だから幸福になれない。悪循環していく。

幼児的願望が満たされないと、努力が裏目に出てしまう。がんばるのだけれども、幸福がこない。

それは相手の立場を無視したがんばりだからである。

世界一人気のあるフレーズ「誰も私のことをわかってくれない」

ジョージ・ウエインバーグは「誰も私のことをわかってくれない」が、世界で最も一般的なフレーズだというが、そのフレーズは、それをいう人がナルシシストであることを表していることが多い。

そのフレーズは「私がこんなにがんばっているのに」という不満である。「私がこんなにがんばっているのに、あなたはわからないの」という怒りである。

それは親子の場合もあるし、夫と妻の場合もあるし、恋人同士の場合もあるし、上司と部下の場合もあるし、いろいろとある。

しかしいずれの場合もそのがんばっているのが、ナルシシストのがんばりなのである。

相手の現実は自分の現実と違う。ナルシシストはそれがわかっていない。このように怒っている人は要するに相手が「いない」。

難しくいえば「他者の自己化」とでもいうべきことである。他者は他者ではなく、自分の延長でしかない。

共生関係といっても良いかもしれない。寄生虫である。彼らはお互いに自律性をもった人間同士の付き合いができない。

「私がこんなにがんばっているのに」というがんばりは相手にとってありがた迷惑ながんばりかもしれない。

夫は家族のためにと必死で働く。飲みたい酒さえ我慢して飲まずに必死で働く。

家族のためということで夫は何もかも我慢する。そして会社でも真面目に勤勉に働いてきた。

それでも定年とともに妻から離婚を申し込まれる。男は呆然とする。

彼は一体何が起きたのか理解できない。「そんな、馬鹿な」と思っても妻の決意は固い。

こうした人間関係の悲劇を避けるためにはどうしたらいいのだろうか

それには、どうしても人の現実はそれぞれ、天と地ほど違うということを心底知らなければならない。

努力するとか、耐えるとかいうことを無条件に望ましいとしてきたことが間違っているのである。無理をしても「その種のことをすることは望ましい」としてきた価値観が間違っているのである。

ロロ・メイのいうごとく、意志は自己破壊的に働く。判断が悪ければ、意志は自己破壊的に働く。

「愛と意志は相互に関係し合っている。つまり一方を助けることは他方を強化することである」(註：Rollo May, Love and Will, Dell Publishing Co., INC.,『愛と意志』小野泰博、誠心書房、1969, p.186)。

彼らは、意志はあったけれども愛がなかった。愛のない意志は自己破壊的に働く。

ロロ・メイは地獄への道は良い意図（good intentions）によって舗装されているという（註：前掲書、p.328)。

もちろん、人はそれぞれこれほど違うということに気がついたからといって、これらの人間関係の悲劇をすべて避けられるというわけではない。しかしそれを知っていれば避けられた悲劇も多い。

人は相手を知らなければ、自分の人生のすべてをその人にかけてもその人を幸せにすることはできない。自分の人生のすべてをかけても、その人のためにはならないことも多い。逆に相手にとって迷惑なことにさえなる。

人はなんと無駄な努力をしているのかと思う。お互いの違いを知らないで延々と無駄な努力をしているのである。

このことはもちろん何も親子や夫婦のような人間関係のケースばかりに当てはまるわけではない。仕事についても同じである。

間違った選択をした上で、忍耐力でがんばるといよいよ泥沼に陥る。忍耐力はいいことでも悪いことでもない。望ましい選択をしたときには望ましく、間違った選択をしたときには忍耐力は傷を深くするだけである。

努力とか忍耐はそれだけに危険なものである。

見当はずれながんばりは報われない

いつもふられる37歳の男性がいう。「恋愛、結構がんばったんだけれども」と。

しかしそのがんばりは人と関わりのないがんばりである。相手の立場にたった見方をした上でがんばっていなかった。

たとえば好きになった人がいる。これをしたら相手が嫌がるか喜ぶかが、わかる人とわからない人がいる。

もし「これをすることは相手が嫌がる」ということがわかって、相手の喜ぶことに努力をすれば、その人の努力は報われる。

好きな人ができた。相手を待ち伏せている。それには時間とエネルギーがいる。情熱もいる。

しかし待ち伏せされることを相手が嫌がっているということがわからない。そういう人の努力は報われない。

相手が嫌がることをすれば、どんなにがんばっても、努力は報われない。がんばってもがんばっても、人生の問題は解決するどころか、どんどんと膨れ上がっていく。

情緒的に成熟しているとは人との関わりがあるということである。相手が何を喜び、何を嫌がっているかということが理解できることである。

情緒的に成熟している人の努力はがんばった甲斐が出てくる。がんばっただけ幸せになれる。

熱湯に手を入れて「ほら、こんなに愛している」といった人の話を昔読んだことがある。情緒的に未成熟な人である。

情緒的に未成熟な人は、この人のために努力をすれば好かれ、感謝をされるのに、この人を無視して、あの人のためにがんばる。

だから努力は報われない。

ナルシシストは、他人から承認や賞賛を得るために、ひたすら、かつ痛ましい努力をすることがある。

しかしその努力が自己執着的努力なのである。本当に相手の立場にたって相手のために具体的な努力をするわけではない。

無理をしてする努力が極めて情緒的な努力である。

とにかく努力が報われない人がいる。それは努力が人と関わりのない努力になっているからである。

第二章

劣等感と愛情をはき違える人たち

お互いの劣等感がきっかけで付き合うことがある

彼は極めて個性的な男だった。高校の世界史の時間に、先生が「ここが重要だ」といってもどうしてもそこより、違ったところが重要と思えてくる。

そして自分が重要と思うところの勉強しかなかなかできない。「しない」というより「できない」といったほうが適切な表現なのである。

何が重要であるかということはその人の問題意識によって異なってくる。先生が大学受験に関心をもち、彼が現代の権力構造を生み出してきている社会的原因に関心がある限り、2人の重要だと思うことがずれてくるのは当たり前である。

もっと煎じ詰めれば、大学の世界史の出題者の教授と彼の問題意識の違いでもある。いずれにしても、彼は自らの問題意識をもっていたがゆえに通常の生活では何事もスムーズにいかなかった。

普通の人が何も考えないで通り過ぎることを、彼はしゃがんで考え込んでしまう。

当然努力はするのだけれど、成績は半分以下というときが多かった。そして彼はこれを「自分は能力がないだめな男だ」と思い込みはじめた。

自分が自分をどう評価するかということは人間にとって極めて大切なことである。

彼の場合、この自己評価は高校時代に極めて低くなっていってしまった。彼は自分は頭が悪いと一人で勝手に思い込んで劣等感に苦しんだ。

大人から見れば頭が悪いのではなく、優秀だからこそ成績が上がらないということなのだが、高校生の彼にはそのことがまだわからない。

ただ先生のいう通りに勉強している生徒は、勉強すればそれだけすぐに成績が上がるが、彼は自分の問題意識をもつがゆえにこそ勉強がそのまま成績につながらない。

高校の先生が生徒の個性を見つける能力があれば、彼を見抜けたのであるが、残念ながら彼の先生は彼と異なり、極めて無個性の問題意識ゼロの先生であった。

先生はあるとき彼の答案に、「もっと基礎的なことをきちんと勉強するように」と書いた。彼はいよいよ劣等感に悩まされた。何が基礎的だか彼にはわからなくなっていたのである。

他の生徒が勉強して成績を上げるのに、彼はもはや一体何をどう勉強していいのかわからなくなっていたのである。

「基礎的なことを勉強するように」といわれて、ただ参考書に「要点」と書いてあるところを覚えて満足している生徒ではなかったがゆえに、彼はいよいよ混迷した。

自分が何をどう勉強していいのか、わからなくなったのである。勉強していてもこれは重要なことではないのではなかろうか、これは基礎的なことではないのではなかろうかと悩んだ。

大学受験を前にして彼は完全に自信を失い、劣等感と孤独感に悩まされた。どうして自分は他の人と同じにできないのだろうという疎外感が彼を徹底的に痛めつけていた。

「俺は駄目なのだ、俺は何をやっても駄目なんだ、どうして自分は他人より駄目なのか」、彼はそう思い落ち込みはじめていた。

浪人したって有名大学などに受かるはずもないと信じて、彼は都内のある無名の私立大学を受験し、そこに入った。

そして受験勉強から解放されて、彼の閉じ込められていたエネルギーが一度に噴出した。そんな彼がよくあるパーティでたまたま東大の女子学生と知り合った。

彼女は美人ではなかったが、彼はその夜からまったく彼女の虜になってしまった。ところが彼女もまた彼にとらわれたのである。

彼女は美人ではなかったが決して感じの悪い顔でも不美人でもない。しかし彼女の小学校から大学までの男仲間は、彼女をブス、ブスといっていた。

彼女は皆からブスといわれているのを知っていた。男性が彼女をブスとけなしているのは男の劣等感からであるにすぎない。女性に勉強で負けて男の面子が立たないので、口惜しくて男性は彼女をけなしていただけである。

しかし彼女は、男ががんばってもなおかつ彼女に勉強で勝てないことがどれだけ口惜しいかを知らない。それゆえに、男性たちの批判で心を傷つけられていた。

彼女をブス、ブスというのは男が劣等感から自分を守るためのみにくい姿なのだが、そう思える心のゆとりが彼女にはない。

彼女は男性に接することが怖くなっていたのである。自分にすっかり自信を失い劣等感にさいなまれて、男性との交際を避けていた。そんな彼女がクラスの男性からパーティ券を無理に売りつけられて、壁の花を覚悟で出かけていった。

そこに、「どうせ美人は俺なんかを相手にしてくれないのだ」とひがんでいた彼が参加していたのである。彼はハンサムであった。しかし彼にとってハンサムというのはなんの価値もない。

しかし彼女をとらえたのは何より彼がハンサムであるということである。いままで自分をけなしていた男性よりはるかに彼がハンサムに彼女には思えた。

2人はあっという間に燃えた。いままで閉じ込められていた青春のエネルギーが堰《せき》を切って流れだした。自然な欲望が抑圧されていただけにその奔流《ほんりゅう》はすさまじかった。

いつもの彼なら断られることを怖れて女性に名前すら聞けない。ところが、いつもの拒絶への恐怖感は熱にうかされて消えていた。彼はその場で住所を聞き、その夜家に帰ってから熱にうかされたように彼女に愛の告白の手紙を書いた。

青春のありあまるエネルギーにうかされて考えられるあらゆる賛辞の言葉を並べ立てた。心酔とはまさにこのことである。酔っていたのである。

そして彼女もまた酔って返事を書いた。返事をもらった日、彼は彼女に電話でデートを申し込み、実現した。

そのデートの一日は2人にはほんの一瞬の時間にしか感じられなかった。

公園に10時間いたことが1秒に感じられ、気がついたときは夜だった。2人は外の世界から遮断された2人だけの時間のない世界にいたのである。2人は10時間が過ぎたことが信じられなかった。

お腹が空いていることさえ気がつかないほどだったのである。夜の新宿のプラットホームで駅の時計を見たとき、やはり10時間が経ったのだと2人は驚いた。

執着のすさまじさを愛の強さと錯覚する

自らの劣等感の裏返しが相手への異常な賛美となった。2人の相手への賛美合戦は2人の劣等感がいかに2人の存在の奥深くまで根をおろしているかを物語っていた。

しかしこの2人は気がつかなかった。相手が世界で最も素晴らしい人だと自分に思い込ませているのがほかならぬ自分の劣等感だということを。

孤独と性的欲求不満が「偉大な愛」の原因であるとはフロムの指摘を待つまでもないことである。

寂しい若者が恋に落ちたとき、孤独が癒されることと性的欲求不満が解消されることで、相手を「好き」と錯覚する。

相手が素晴らしいから素晴らしいと思うのではなく、自分の劣等感と孤独感こそが相手を素晴らしいと思わせているのである。

劣等感を癒すための恋。それは恋する気持ちからの恋ではない。不美人という劣等感から、ハンサムな男に恋をする。

恋の虜になった原因は劣等感。

「なぜ恋をするのか？」

「それは劣等感が癒されるため」

何かのための恋はすぐに熱が冷める。一目惚れの恋のスピードは、同時に恋が冷めるスピードでもある。

一目惚れは自我が不安定ということを表している。意識と無意識の乖離《かいり》が深刻であるということを表している。

ロロ・メイは自発性というのは沸騰的感情とは異なると述べている（註：Rollo May, Men's Search For Himself, 小野泰博訳『失われし自我を求めて』誠信書房、1970, p.119）。

一般的にいえば、熱しやすくて冷めやすい人は自我が不安定な人である。

はしがきでも触れたが、カレン・ホルナイは「私たちは人生をより豊かに、より幸せにするために愛を求める。しかし神経症者は違う理由から愛を求める」という（註：Karen Horney, The Unknown Karen Horney, Edited by Bernard J. Paris, Yale University Press,

2000, p.150)。

依存心が強くて劣等感の激しい人は、人が自分のことをどう思うかを異常に気にする。

相手から馬鹿にされるのではないか、断られるのではないか、嫌われるのではないか等ということを心配する。

それらは単なる自己執着である。そしてそういう自己執着的努力は悩みを解決するのではなく、さらに悩みを作るだけである。

神経症者は相手を愛しているのではなく、単に自分の心の葛藤を解決するために、相手とかかわっているのに、相手を愛していると錯覚する。

自分の執着のすさまじさを愛の強さと錯覚する。

「ほとんどの『神経症者』は、愛されたいという過度な欲望のもち主であるが、愛する気持ちはあまりない」(註：Albert Ellis, Phd. How To Live With A Neurotic at Home and at Work, 1975, Crown Publishers, Inc., New York, 国分康孝監訳『神経症者とつきあうには』川島書店、1984, p.64)。

もちろん神経症者は自分に愛する気持ちがないことに気がついていない。それは「こうしてほしい、こう思ってほしい」という気持ちが強すぎて相手に対する関心がないからである。

そして自分は相手に関心がないということにも気がつかない。

「彼女は、自分の要求を満たしてくれそうな少年に出会うと、すぐに激しく彼に執着した。そして自分では熱愛しているつもりであった」（註：前掲書 p.64）。

ロロ・メイは「愛は一般的に、依存関係と混同される」（註：Rollo May, Men's Search For Himself, 小野泰博訳『失われし自我を求めて』誠信書房、1970, p.268）と述べているが、私にいわせれば、愛は一般的に執着と混同される。

子煩悩《ぼんのう》な親が必ずしも子供を助けないのと同じである。自分が子供にしがみついているのに、自分は子供を愛していると錯覚している親がいる。

心理的に病んだ人々は自分の執着の激しさを愛情の激しさと錯覚する。不安から相手にしがみつく。そのしがみつきの激しさを愛情の激しさと錯覚するのである。

愛情の激しさと思っているものは、その人の不安の激しさにすぎない。自分が、相手をこんなにも必要としているということを、自分はこんなにも愛していると思い込んでいるのである。

だから「彼らはしばしば激しく恋愛するが、つねに憑《と》りつかれたかのごとく、相手を自分のものにしておこうとする」（註：Albert Ellis, Phd. How To Live With A Neurotic at Home and at Work, 1975, Crown Publishers, Inc., New York, 國分康孝監訳『神経症者とつきあうには』川島書店、1984, p.64）。

「酔う」ことと「愛する」ことは別物

この2人は、酔うことと愛することが異なることに気がつかなかった。

2人の交際が長引くにつれて、2人がお互いの生活にかかわってくる範囲はひろがってくる。彼は彼女の大学で待ち合わせをすることも出てくるし、彼女がクラスの男性といるところを見かけることも出てくる。

心の葛藤を解決するための恋は、お互いに心理的にコミットしたところでいろいろな問題が出る。

たとえば期待したほど褒めてもらえない。

最初の興奮が覚めてくる。何をやっても珍しいというわけではなくなってくる。はじめて歩いた公園も二度目、三度目、四度目となれば同じ興奮を期待することもできなくなってくる。

はじめて2人で喫茶店に入るときには、「2人だけでいま喫茶店に入ろうとしているのだ」という心の高揚がある。初めての体験に心は躍る。しかし何もかもが二度目、三度目、四度目となるにしたがって高揚はなくなる。

はじめて2人で草むらに腰をおろしたときの気の遠くなるような青春賛歌も、回を重ねると相手の肉体への要求となってくる。

そうしたなかで2人の交際の範囲が広がり、いま述べたごとく彼女がクラスメートと話しているのを見かけると、彼の心に、胸を締めつけるようなジェラシーが湧き上がってくる。ジェラシーから彼女に対する憎しみも凄くなってくる。

よく、人によってはジェラシーの深さは愛の深さの裏返しであるという。愛が深ければ、深いほどジェラシーも激しいという。しかしこれはまったく間違った考え方である。正反対である。

ジェラシーは依存心の強さ、自信のなさ、自己中心性等、心の不安定さと正比例する。依存心が強くて自信がなくて自己中心的だから相手への要求は凄い。

その期待通りに相手が動かないと激しい憎しみになる。嫉妬《しっと》になる。自分は酷い目にあっているように感じてしまう。被害者意識すら出てくる。見返したいという気持ちにさえなる。

期待通りでないと生まれる嫉妬や憎しみ

嫉妬深い彼は彼女にとっても耐えがたくなってくる。仲間と楽しく話している彼女の行動は、彼にとっては裏切りと同じである。

不誠実な夫をもつほうが、妬《ねた》み深い夫をもつより10倍もいい（註：T.M.ANKLES A STUDY OF JEALOUSY 'BRUCE HUMPHRIES,INC.' BOSTON PHIL 541314, p.13)。

不誠実な夫という言葉を恋人に変えても同じである。不誠実な夫は妻にとってかなり悲惨であると思うが、やはり妬み深い夫のほうがさらに10倍も悲惨である。これはラジオのテレフォン人生相談等をしているとうなずける。

逆に自分に自信があり、心理的に自立していて相手が自分を愛しているという安心感があればあるほどジェラシーもない。相手は自分を本当に愛してくれているのだという心の安定は、ジェラシーの入るすき間を与えない。

真に信頼し合っている2人はジェラシーとはまったく無関係である。

彼は心理的に不安であったからこそジェラシーも激しかった。

彼女がクラスメートにただ何でもなく話しているという姿を見ただけでも、その日のデート中ずーっと不愉快だった。不機嫌だった。

それはまた逆に彼女についても同じだった。

彼の大学で待ち合わせをすることもでてきた。彼がたまたま他の女性といるところを見ても彼女の心は嫉妬に苦しんだ。

そうするとデートの間に「言うまい、言うまい」とするが、どうしても嫌味のあることをいってしまう。

嫌みをいうことは怒りの間接的表現だから、いくら嫌味をいい続けてもスッキリとしない。嫌みは怒りと甘えの混在だから、くどい。

妬みはギリシャ、ローマ時代から人を不幸にするといわれるが、まさに2人は不幸だった。

彼も彼女も、お互いに相手が自分を愛しているということに自信がなかったのである。

深刻な劣等感のある人には、恋人に独立的人格を認める能力などまったくない。

逆に恋人に対する独占欲は人一倍激しい。独占できないときには激しい嫉妬に襲われる。つまり憎しみに支配される。

愛情不足に耐える能力もまったくない。お互いの自立性を放棄することなく、相手を愛する能力もない。

深刻な劣等感のある人は、なぜ相手が自分を愛するかに、心の底で納得がいかない。

学力に劣等感を抱く者は、学力を過大評価する。容貌に劣等感を抱く者は容貌を過大評価する。

学力に劣等感を抱く者は相手が自分の容貌や人格をたとえどんなに称えても劣等感がやわらぐものではない。

自分が褒めてもらいたいのは人格でも容貌でもなく学力なのである。それが人間の本質的価値だと錯覚する。

この視点の少なさがその人の深刻な劣等感の一つの原因でもある。

学力や成績にこだわるのは、それによって自分の価値を防衛しようとしているからである。

同じことで容貌に劣等感をもっている者は、たとえ人格を褒めてもらっても、学力を称えられても、家柄を驚かれても、心から嬉しいというわけにはいかない。

100回、人格を褒められるよりただの一回でもいいから容貌を褒められたいのである。彼が学力や成績にこだわるのと同じように、彼女は容貌によって自分の価値を防衛しようとしているから容貌にこだわるのである。

お互いに自分が価値あると思っているものにしがみつくことで、自分の心の葛藤を解決しようとしている。

そして容貌に劣等感をもつ者は学力で人が劣等感をもつということをなかなか理解できない。学力なんかで人がそんなに劣等感をもつはずがないと思うものである。

彼にとってなにょりも価値あることは、彼女から「頭が良い」といわれることなのである。それが彼にとって最も価値あることである限り、彼は真に愛するものは見つからない。その結果彼は無気力になっていく。

彼女の場合も同じである。

「すなわちあらゆる絶望というものは結局、一なのであるということを知らねばならないのである。つまりある唯一つの価値の偶像化、絶対化である」(註:『神経症II』フランクル著作集5、霜山徳爾訳、みすず書房、1962, p.36)。

容貌の価値を絶対化したり、学力の価値を絶対化する人は、実は絶望しているのである。

2人はお互いに自分に絶望しているのである。

だからこそ2人は美貌と優秀な成績にこだわった。

オーストリアの精神科医ベラン・ウルフは「自分がひどく劣等に思えるので、名声や富や力なくては人生は耐えがたいという連中なのだ」(註：Beran Wolfe, How to Be Happy Tough Human, Farrar & Rinehart Incorporated, 1931、周郷博訳『どうしたら幸福になれるか上巻』、岩波書店、1960, p.183) と述べている。

その言葉を借りれば、彼らは自分がひどく劣等に思えるので、美貌や優秀な成績がなくては人生は耐えがたいと考えているのである。

さらに2人とも自らの深刻な劣等感ゆえに相手の自分に対する愛に不安であった。

神経症的傾向の強い人は、恋人は他の異性を好きになるかもしれないという不安をもっている。

2人とも不安であるがゆえに嫉妬し合った。

彼はなんで彼女がそんなに自分を称えるかわからない。だから不安であるが、彼は彼女が成績のいい人を褒めることには納得がいった。劣等感が激しければ激しいほど他人の評価はかたよったものになってこざるを得ない。

その原因は視点の少なさである。

深刻な劣等感のある人は、自分が思っている自分の弱点にとらわれてしまう。それが本当に弱点であるかどうかは別の問題である。

まさにアドラーがいうように劣等感というのは耐え難い。それゆえに他の感情を弱めるか、飲み干してしまう（註：Manes Sperber, Translation by Krishna Winston, Masks of Loneliness, Macmillan Publishing Co., Inc. New York, 1974, p.89）。

つまり深刻な劣等感をもつと、人は他の感情を摩滅させてしまう。その人を動かしているのは、劣等感だけになる。


深刻な劣等感の原因は第一に所属感の欠如であり、次に増大する依存心である。

ボールビーは、高度な依存性と、愛情の取り消しを用いた親との間に有為な相関関係を見いだした。

「高度な依存性と劣等感の関係」は、人を評価するときの大切なポイントの一つである。

要するに2人は、孤独で強度の依存心のもち主であった。

だからこそ「熱烈な恋」に発展したのである。2人が熱烈な恋と思ったのは、2人がいかに孤独で依存心が強かったかということである。

孤独や失望感がひどいと激しく賞賛を求める

2人の嫉妬心はやがて2人の関係を天国から地獄へと変えた。

2人は劣等感をもつがゆえに孤独であった。他人と打ち解けることができなかった。自我防衛が働き馬鹿にされまいと思うがゆえに他人と打ち解けることができない。

劣等感が強いがゆえにまず他人から高い評価を得ようとする。そしてそれゆえに他人と打ち解けることができない。

2人は孤独であった。2人は賛美者を必要とした。

劣等感が深刻だったり、自分への失望感がひどいと、人は自我のバランスをとるために、激しく賞賛を求める。

賞賛が得られれば、自我は見せかけの安定を得られる。

2人にとって別れることは地獄であるが、嫉妬の激しさは一緒にいることも地獄にした。去るも地獄、残るも地獄になってしまったのである。

結局2人は別れた。

2人は相手と親しくなることができなかったのである。恋の情熱が覚めたあと2人を結びつけるのは人間としての親しさである。

ではどうして人は親しくなるのか。それは自己開示である。自己開示は自分の弱さを、その人には出せることである。

深刻な劣等感のある人には自己開示が難しい。

自分が感じているように自分はつまらぬ人間だと他人には感じさせまいとしているのだから、相手と親しくなれない。体裁を整えることでは親しくはなれない。

フロイデン・バーガーがいうように燃え尽きる人は、弱点を隠すのがうまい。つまり親しくなれない。

深刻な劣等感のある人は、自分と似ていない相手を選ぶ

よく恋人は自分と似かよった人を選ぶのが普通だとか、いやお互いに補完し合うのが恋だから自分とはことなった人間にひかれるのが普通だとか議論される。

しかし実はどちらでもない。深刻な劣等感のある人間は自分と似ていない相手を選び、自己尊重の高い人間は自分と似ている恋人を選ぶ。

自らの虚栄心に苦しんでいる者は、虚栄心のない人間にひかれる。虚栄心に苦しんでいる男性は虚栄心のない女性を天使のごとく褒め称える。

しかしその賛美の言葉はその女性を語っているのではなく、その男性が自らの虚栄心にどれだけ悩んでいるかを示しているにすぎない。

賛美の言葉はその女性の美しさを物語っているのではなく、自分の虚栄心のみにくさによる自己嫌悪の深さを物語っているのである。

そしてそのような恋はいずれ破滅する。先の彼と彼女はその典型的なプロセスなのである。

なぜなら、彼らは決して愛し合っていたのではないからである。彼は東大生の女性を他人や自分自身に見せるために恋人としていたにすぎない。

自分は成績が悪いという劣等感、そして他人は勉強すれば成績が上がるのに自分は勉強しても成績が上がらないという落ち込み。

その結果、他人への怨恨《えんこん》も含めて、他人を見返してやりたいという気持ちが働いている。その人を愛しているのではなく、その人と付き合うことによって自分の怨恨が晴れることが恋の目的であった。自分の劣等感が癒されることが恋の目的であった。それが何よりも、この付き合いのポイントであった。

2人とも見ているのは自分だけだったのである。その人と一緒にいることによって、怨みを抱く他人に「ざまーみろ」といっている快感こそが2人の恋だった。

常軌を逸した賛美や非難というのは、そのいっている人間の深い疎外感を表現しているにすぎない。

褒められた人間は自分が褒められていると錯覚する。しかしそれは自分とは関係なく、ただ語っている人間の疎外感を表しているにすぎない。

逆に常軌を逸した酷い非難をされるときも同じである。自分が非難されているのではなく、非難している人自身の疎外感を表しているにすぎない。

疎外感と恋の熱情が融合したとき、この常軌を逸した称賛が起こる。それが先に述べた「偉大なる愛」である。

孤独だから、お互いに自分の「親密さへの欲求」を満足させたいということに気を奪われて「好き」と思っているが、実はその相手自身が「好き」というのではない。

「神経症者は自分自身に耐えられないから、人間的接触を激しく必要とする。それが苦しい孤独感から救ってくれる」(註：Karen Horney, The Unknown Karen Horney, Edited by Bernard J. Paris, Yale University Press, 2000, p.151)。

神経症的傾向の強い人は孤独だから、人間的接触を激しく必要とする。その必要性を満たしてくれそうに感じたのが、相手だったのである。

自分の本性を見きわめれば、恋愛はうまくいく

いま語った2人の恋も、確かに現代の日本の矛盾に翻弄《ほんろう》された恋かもしれない。間違ったかたちでの教育や大学受験がなければ彼はもっと素直にのびたかもしれない。

そして彼女も同じである。男とはかくかくしかじかの者であり、女とはかくかくしかじかの者でなければならないという文化的価値のあやまりが、彼女のまわりの男性に劣等感をもたせ、それがはね返って彼女に劣等感をもたせた。

そして2人は恋の、お互いに一人芝居を演じただけの哀れな犠牲といえるかもしれない。

本人たちはお互いに結ばれていると思っているが、実は心理的に離れている。

相手の求めていることがわからない関係は、たとえ恋人でも心理的距離は遠い。

「遠い」というより、それは見も知らない人と会っている感覚と同じである。社会的には恋人同士に見えても、心理的にはお互いに、道ですれ違った人同士の関係と同じである。

恋愛関係では、ある種の衝動を満足させるので「好きだ」と錯覚する。しかし「好き」と

郵便はがき

料金受取人払郵便

麹町局承認

9136

差出有効期間
平成27年2月
28日まで
切手はいりません

102-8790

119

東京都千代田区一番町21

PHP研究所

読者アンケートs係 行

◆性　別　1. 男　2. 女	◆年　齢　　歳
◆おところ・お名前 (差し支えなければ)	都・府　道・県　　市・町　区・村
◆ご職業	1. 会社員　2. 公務員　3. 自営業　4. 主婦 5. 教員　6. 学生　7. その他（　　　）
◆PHP研究所の書籍、雑誌、セミナーなどの最新情報をメールにてお送りさせていただいてもよろしいですか？	はい　　いいえ
◆メールアドレス	

*お寄せいただいた個人情報は厳重に管理し、商品の企画、書籍、雑誌、セミナーなどの最新情報をお送りする目的以外には使用いたしません（この件のお問い合わせは、事業企画部TEL03-3239-6250までお願いいたします）。

このたびはPHPの出版物をお買い上げいただき、ありがとうございました。
今後の編集の参考にするため下記設問にお答えいただければ幸いです。

●お買い上げいただいた本のタイトル

●この本を何でお知りになりましたか。

1 新聞広告で(新聞名　　　　　　　　　　　　　　　　　　)
2 雑誌広告で(雑誌名　　　　　　　　　　　　　　　　　　)
3 書店で実物を見て　　　　4 コンビニで実物を見て
5 弊社のホームページ、ツィッター、フェイスブックなどで
6 他のウェブサイト、ネット書店で(サイト名　　　　　　　　)
7 新聞・雑誌の紹介記事で(新聞・雑誌名　　　　　　　　　)
8 人にすすめられて　　　　9 その他(　　　　　　　　　　)

●本書のご購入を決めた理由は何でしたか。

●本書の読後感をお聞かせください。

1 テーマと内容	(　満足	ふつう	不満　)
2 タイトル	(　納得	ふつう	不満　)
3 読みやすさ	(　満足	ふつう	不満　)
4 価格	(　高い	ふつう	安い　)

●最近読んで特に面白かった書籍や新書シリーズを教えてください。

タイトル・シリーズ名

●その他、ご意見・ご感想、これから読みたい著者・テーマなど、アイデアをお聞かせいただければ幸いです。

＊あなたのご意見・ご感想を本書の新聞・雑誌広告、弊所のホームページなどで
1 掲載してもよい　　　　2 掲載しては困る
＊PHP研究所の書籍、雑誌の最新情報は、フェイスブックページ
https://www.facebook.com/pbusinessにても公開中です。

「親しい関係」とは違う。

そして我々が注意すべきことがある。それは、自分が意識している自分とは違った自分が、自分を突き動かしている可能性があるという自覚である。

フロイドの現代への貢献は何よりも人間の無意識という領域を明るみにだしたことであろう。

19世紀の人間が自らの理性と意志によって動いていると思っているとき、フロイドは実は人間を動かしているのはそうしたものだけではないのだという驚くべきことをいいだしたのである。

人間を動かしているのは自分が意識していない不安や怖れ、そして限りなき欲望。フロイドがひきだした人間の新しいイメージは意志と理性を信ずる者にとってはショックであった。

もちろんフロイドがすべて正しいというのではない。しかしそのイメージがどんなに美しいイメージと違っても、我々は我々がよりよく生きるために受け入れなければならない部分もあろう。

人間が不安からおかした過《あやま》ちはなんと多いことだろう。それを避けるためにも人間の真の姿を知る必要があろう。

恋愛関係に限らず親子関係でも何でも、人間関係で刃傷沙汰のような大悲劇が起きたときには、多くの場合お互いに相手も自分もわかっていない。

「自分を知ることと他人へのトレランスとが関連することを研究は示している」（註：Gordon Allport, The Nature of Prejudice, A Doubleday Anchor Book, 1958, 原谷達夫・野村昭共訳『偏見の心理 下巻』培風館、1961, p.161）。

自分を知ることは他人に耐える能力を与えるばかりではなく、現実の人生に耐える力を与えてくれる。

自分が自分をわかっているのに、相手がわかっていないということはあまりない。自分が見えている人は、相手も見えている。

自分が理解できていない人は他人も理解できていない。自分を受け入れていない人は、他人も受け入れることができない。

ただ何か人間関係で大きな悲劇が起きたときには、自分の気がついていない部分に原因があると思ったほうがよい。

簡単にいえば自分の無意識が、ことの原因と思ったほうがよい。

劣等感の強い男性と女性のナルシシズム

「私はあなたの女よ、あなたのいうことなら何でもするわ」などといわれて、男性はその気になる。そんなことをペラペラいう女性はよそに行っても同じことをいっているに決まっている。

「私のような女でよかったら自由にして」などといわれると、不安で劣等感の強い男性はその女性に夢中になる。

劣等感の強い男性にとって「私のような女」という台詞《せりふ》はたまらない台詞であろう。

しかし「私のような女」という女性はナルシシストである。謙虚の裏にナルシシズムが隠されている。

そうした言葉は、深刻な劣等感のある人の満たされざる優越への欲求を一気に満たしてくれる。

カレン・ホルナイは基本的不安感をもつ人は、他人の上に自分を置こうとする緊急の必要性があるという（註：Karen Horney, Neurosis and Human Growth, W.W.NORTON & COMPANY, 1950. P.21）。

私もそう思う。ただこのことの恐ろしさは、それ以後この人の人生はすべてこの「緊急の必要性」に支配されかねないということである。

つまり緊急の課題はその時で終わらない。10年経っても20年経っても、「他人の上に自分を置く」ことは緊急の必要性なのである。

10代のときの緊急の必要性は50歳になっても緊急の必要性である。

一旦こうなると、その人は、もはや自分の人生の本来の目的を考えられない。自分の力に頼って実現する将来を考えられない。

将来自分は何になったらよいのかを考えられない。

自分はどう生きようかを考えられない。

その人のすべての目的は「他人の上に自分を置こうとする」（註：前掲書）ことである。

彼がこの人生ですることは、すべてこの目的のための手段にすぎない。

ご飯を食べるのも、就職を決めるのも、運動するのも、すべてこの「緊急の必要性」を解決するためである。つまり自分を他人の上に引き上げようとすることが人生のすべてである。

基本的不安感に悩まされる男性は「私のような女」であれば、「お前と付き合ってやる」と恩着せがましいことをいえる。それは基本的不安感に悩んでいる男性にとってはたまらない。

深刻な劣等感に悩まされている人にとっては、まさに彼女は救いの神になる。

深刻な劣等感のある人は、自分が安心するために恋人とかかわっているのであり、相手を愛しているから相手とかかわっているわけではない。

「不釣り合い」を、素晴らしい相手と勘違い

かつて日本文化の理想像は謙虚な女性であった。「私のような女」は理想なのである。おごり高ぶる女は嫌われる。

もちろんそうした女性像をつくりあげたところに日本の男性の劣等感が隠されているのだ

ろう。

いずれにしても「私のような女と、あなたのように素晴らしい方とでは不釣り合いだわ」などといわれれば、劣等感に苦しんでいる男性は、その女性を天使と勘違いする。

しかしこれは誠実な女性のいえることではない。相手の男性に本当に恋し、真剣に相手を愛そうとしている女性が、こんなことをペラペラいえるであろうか。

いえるはずがない。

もし事実が不釣り合いであったとしても、その不釣り合いなことに苦しみ悩むであろう。そして不釣り合いでなくなるように血みどろの努力をするであろう。

あるいはあきらめて遠くから眺めているだろう。

自分のほうから近づいてきて、「不釣り合いだわ」などという馬鹿はいない。

しかし深刻な劣等感のある男性はこんなことをいわれればもう盲目の恋である。その女性に恋をした理由がその女性の存在そのものではなく、自分の深刻な心の葛藤であるとは気がつかない。

しかし深刻な劣等感のある男性は、自分が恋をしたのは、自分のなかの劣等感を癒してくれるからだなどと気づくはずもない。

不釣り合いなほど自分はすぐれている。深刻な劣等感に苦しむ男性に、これほど素晴らしい贈りものがあろうか。

こうして現代における最低最悪のどうしようもない女性、つまり日本文化における理想的女性像を演じる女性にひっかかって一生苦労する男性も出てくる。

生活がはじまればその人のありのままの姿が表れてくる。生活から離れた場における遊びにおいては演技ができても、生活の場ではそうはいかない。

生活がはじまってみて、ご飯ひとつ炊けないことに気がついても、もう遅い。

誠実な女性なら「私のような女と、あなたのような素晴らしい男性とでは不釣り合いだわ」などと壊れたレコードのようにいい続けている間に、自らの生活態度を整えるであろう。

そういい続けた女性と結婚した男性がいる。ところが、その女性は生まれてから一度もご飯を炊いたことがない。それが「結婚してわかった」という信じられない男性が実際にいる。

彼女は何者か？

実は彼女こそナルシシストなのである。

フロムがいうようにナルシシストの「謙遜の後ろに自己礼賛が隠されている」。

いま書いた悲劇を避ける唯一の方法は、相手の女性のナルシシズムを見抜く男性の目だけである。

家では暴れて外では迎合する、二面性をもつ夫

実はこのナルシシストの男性版がある。

「家では狼、外では子羊」の男性である。

夫は20年間にわたって女性関係が途絶えたことがない。あまり多くて何人だかもわからないと奥さんはいう。

彼女は夫から暴力も何度を振るわれた。蹴っ飛ばされたり、首を閉められたりもした。夫が刃物をもちだしたので恐くて夜中に逃げたこともあったという。

しかし会社の人をはじめ外の人は夫のことを「やさしい」という。

彼らの心理を説明すると次のようになる。

まず彼らは謙遜しながらも実は他人の批評を受け入れていない。家でも会社でも批判されると同じように気に入らない。心の底では批判を受け入れていないし、怒っている。

しかし自信がないから、外では迎合する。不必要なまでに謙遜する。

外の人にはへつらいながらも心の底では怒っている。

心の底で怒っていても、外の人から褒められたいので優しく振る舞う。実際の自分の感情を押さえつけることからくる欲求不満はもの凄い。

そして溜まった心の底の不満や怒りを家で奥さんにぶつける。

外での欲求不満を家で晴らす。だから家では暴れ回る。

彼らは謙遜しながらも褒められないと傷つく。これは外でも同じであるから、会社でも傷つく。

フロムがいうように謙遜の後ろに自己礼賛が隠されているのだから、非難されれば傲慢さは傷つき激怒する。

しかし評価を下げるのが怖いから、怒りを外では表現できない。いい顔をする。その欲求不満を家で解消する。

したがって「暴れている家」でも、「迎合している外」でも親しい人間関係を築けない。

暴れることと穏やかな顔をしていることとでは行動特性は違うが、性格特性は同じである。

人は相手の行動特性を見るから、間違いを犯す。

「家では狼、外では子羊」の男性、これはしばしば起こることで、最も女性が嫌がることだとヒルティーは述べている。

それを避ける唯一の方法は、相手の男性のナルシシズムを見抜く女性の目だけである。

相手を見抜く目とは、行動特性ではなく、性格特性を見ることができる能力である。

不安な人は豹変する。

そしてこの不安な人をなかなか見抜けないのは、その人自身が不安な人だからである。心理的に安定した人のほうが相手を見抜ける。

ロロ・メイも指摘するように、不安な人には大量の敵意がある。

批判されると怒る人がいる。しかし何を批判と受け取るかは受け取る人の問題である。受け取る人が批判と受け取れば批判になり、愛情と受け取れば愛情となる。

神経症的な人は自分について何かいわれると、それを批判と受け取り、批判されると自分が愛されていないと受け取る。

またナルシシストも同じである。批判でないことを批判と受け取り、傷つき、激怒する。

劣等感が深刻な人も絶えず褒められていないと気持ちがもたない。褒められないことを批判されたと受け取る。

成熟した恋愛は、終わりも混乱がない

相手が好きで恋愛関係になったときには、終わるときにも混乱のない終わり方をする。もちろん男と女の関係が終わるのだから、それなりの混乱はあるかもしれない。しかしとにかく刃傷沙汰になるようなことはない。自然な終わり方である。自然な終わり方にならないときには、はじまりに問題がある。お互いに相手が好きではじまっていない。お互いに何らかの心の問題を抱えている。そしてその自分の心の問題を解決するために相手とかかわっている。

自分の心の問題を解決するためにかかわって、その問題が解決しなければ、それは不満になる。

心の葛藤は人間関係を通して表れる。

その人の心の葛藤は恋愛関係を通して表れる。だから恋愛がうまくいくはずがない。

この章のはじめのケースの場合でいえば、この男性の劣等感や憎しみが恋の原因である。劣等感と憎しみを解決するためのものが、この恋愛である。

相手を好きで恋愛になっているのではない。

そして劣等感や憎しみは、その人の性格特性であるから、そう簡単には解決しない。

本当に好きではじまった恋愛であれば、劣等感や憎しみも解決に向かうかもしれないが、そうでない場合には引き続きその人の性格特性は維持発展する。

第四章

人は傷つきながら成長していく

無理をしているうちは本物ではない

愛するということはバラ色の甘い夢の世界ではなく、徒労とさえ思われる疲れる日々の連続を意味する。

彼女は23歳であった。彼女は誕生日を迎えて24歳になろうとしていた。しかし彼女には父親がいなかった。彼女が高校時代のとき父親は病死した。父親はやさしかった。

彼女は世界で最も父親が好きだった。誕生日になるといつも彼女にケーキを買ってきてくれた。そして、会社が忙しくてもなんとか都合をつけて彼女の誕生日には早く帰ってきて自宅で夕食をし、彼女の誕生日を祝ってくれた。

そして、その次の日曜日には彼女をどこかに連れていってくれた。

彼女は誕生日がくるとその父親のことが思い出されてどうにも悲しくてならなかった。

やがて彼女も大学生となり恋をし、そして大学時代の恋人と婚約をした。

彼女の24歳の誕生日のとき、婚約者の彼は忙しかった。いやそれより数週間前から彼の会社は猛烈に忙しかった。彼は残業が続きヘトヘトに疲れていた。それにその会社の業績は最近かんばしくなく倒産の噂さえあるくらいであった。彼の上司がわけもなく彼にあたるときさえあった。

もちろんこれは彼からの見方であって、上司の側から見れば十分叱る理由があったのかもしれない。

ただ彼から見れば、上司は朝会社にきて彼を呼びつけ理由もなく彼を叱った。彼を叱ってから上司が仕事をはじめるように彼には思われた。

彼も彼の上司も少しノイローゼ気味であったのかもしれない。彼からみればいまは恋人の誕生祝いどころではなかったのである。将来のことを考えいまは必死なときだった。

彼からみればこの忙しく厳しく嫌な毎日の連続である日を、彼女のやさしさで救ってもらいたかった。上司とのいざこざ、同僚とのいざこざ、そうした鬱憤《うっぷん》を彼女といるときに晴らし、彼女といるときだけは自分のわがまま放題に振る舞いたかった。

上司といるときは腹がたってもじっと我慢しなければならない。同僚といるときはムッとしても笑顔をつくっていなければならない。

しかし彼女といるときは、自分の感情を素直に発散してもっと解放されたかった。

しかし彼は彼女の誕生日の近くになって決して彼女に会社の不満のはけ口を求めまいと決心していた。疲れてデートどころでないときも、会社の残業をやりくりしてなんとかデートをした。そういうときも努めて笑顔をつくっていた。

「一度も会社で働いたことのない彼女に現実の仕事の厳しさなどわかるはずもない」と彼は思っていた。彼は彼女が徐々にわかっていってくれればそれでいいと半ばあきらめていた。

彼はいろいろなことに耐えていた。つまり彼自身がＳＯＳを出している心理状態であった。

誕生日の日、不幸にして会社の取引先の接待があったが、彼はなんとかその仕事を同僚に頼んで、彼女への誕生プレゼントを買って夕食をともにした。そしてスカーフをプレゼントしたのである。

彼はない金をはたいて銀座の高級レストランへ入った。自分が毎日これだけ嫌な思いをして勤めて得るお金の何日分にあたるのだろうと思うと、いささかくさってきた。

誕生日プレゼントを開けた彼女は、型どおり「ありがとうございます」といったが、別にそれほど嬉しそうな顔をしなかった。

彼は疲れていたので少しムッとした。しかしとにかく今日は彼女の誕生日なので、決して怒ったり不愉快な顔はすまいと心に決めていた。

自分の感情をおし殺して、努めて愉快そうに話し彼女を楽しまそうとした。

自分が本当に楽しくなければ相手を楽しますことなどできない。そう思って彼は会社の不愉快なことも忘れようとし、ウジウジしている自分の気持ちを一気に吹っ切ってはしゃごうとした。

しかし、どう努力しても彼女の寂しそうなまた悲しそうな姿勢は変わらなかった。

料理を選ぶときも彼が嬉しそうに「ねえ、どれにする」とメニューをもって話しかけても、「えー」と小さくいうだけで決して楽しそうではなかった。

彼はだんだん一人芝居になっていった。

彼は「わあー、おいしそうだなー」と料理を見て一人でいっているのである。

彼はいまにも自分が爆発しそうになるのを感じたが必死で抑えた。これで爆発してしまってはいままでなんのために自分がここまで不満な気持ちを抑えてきたかわからない。

そして、もし爆発してしまうくらいなら最初から、「今日は取引先との用事があってどうしても会えない」といって会わないほうがまだいいと思った。

彼はこれなら取引先の接待のほうがましだとさえチラリと思ったりした。しかし「そんなことを思うまい、思うまい」と必死で自分の怒りを抑えていた。

自分のなかに不満が鬱積《うっせき》してきて自分が不安になっているのを感じた。ある点まできて一気に爆発してしまいそうな不安に彼はとらわれていた。

「頼む！　機嫌よくしてくれ、楽しそうにしてくれ！」と彼は彼女に心のなかで叫んでいた。

「もう俺の我慢の限界だ！　爆発してしまう」彼は黙って、心のなかでそう叫んでいた。しかし彼女は一向に楽しそうにならなかった。そして遂に彼女は料理を残してしまったのである。

彼の気持ちのなかに次第に彼女を責める部分がひろがってきた。

何だい、父親のいないことぐらい、気がついてみると彼は心のなかで激しく彼女を責めていた。

こんな料理を残すなんて、一体どう思っているのだ、こんなところで一生食事をできない人だってたくさんいるのだ、この一回の食事に使うお金で一カ月食べる人だっているんだ。こうして銀座にいると日本中が豊かな消費水準に達しているような錯覚に陥るけれど、決してそんなことはない。

お父さんがいないことぐらいが何だ、世の中で辛いということはそんなことじゃあない、世の中で人が苦労しているのはそんなことじゃあない、世の中で人が苦労しているのはお金だ、お金を得る苦労に比べればその他の苦労など苦労のうちに入らない。

彼は心のなかで激しく彼女を責めていた。次第に彼も無口になっていった。

彼の彼女を責める気持ちはひどくなるばかりだった。いったん責めるほうにエネルギーが向いてしまうともう止めようがなかった。

休みもとれない人が、いま2人が銀座の高級レストランにいて食事をしながらお互いにふてくされているのを見たら一体なんと思うか。

彼は次第に、「ああ現実を知らない女の子はやっぱり何をやってもダメなのかなあ」と思いだした。

現実の一打でいま自分が不服に思っていることなどいっぺんに吹っ飛んでしまう。

「出ようか」

そう彼はいうと立ち上がった。

愛するということはなんと人間に神であることを要求するのだろう。

彼がたとえどんなに彼女のために無理をし、尽くし、耐えようと、「自分がこれだけのことをしてやっているのに」と思う限り、彼はやはり彼女を愛し得ていないのである。

相手が求めるものを考えるのが愛

愛するということは花園を歩くことではなく、荒涼たる砂漠を行くことである。

相手を愛するがゆえにこそ、孤独をひしひしと感じることさえある。

愛するからこそ孤独であるとは、なんと人間の存在とは悲劇的であることか、愛するからこそたった一人で耐えなければならないことが多いのである。

愛するからこそ誰にもいわない自分一人の沈黙の時間をもたなければならないのである。

たとえどんなにその婚約者のために会社で大きな苦労を背負い込もうとも、たとえ婚約者のためにどんなに尽くそうとも、もしその人が「こんなにまでしているのに」と自分のやったことを感じる限り、まだ人を愛せるだけの人格には成熟していない。

どんなに必死で何をしようと、自分のしたことを考える限り、人を愛せるだけの成熟した人格には達していない。

愛するとは自分の立場にたって相手を考えることではなく、相手の立場にたって相手を考えることである。

自分は会社が忙しいのを、と考えるのではなく、彼女は父親を懐かしがっているのだと思うことである。

「誰だって誕生日になれば、そのとき父親がやさしくしてくれたのを想い出すさ。誰だって父親がそれだけしてくれれば、父親を想い出して寂しいさ」と自分が何をしたかということをまったく度外視して、相手のことを考える、それが一人前の人間の恋である。

自分がこんなに苦しいのに、とか、自分はこんなにしてあげているのにとか自分の立場から相手を見る限り、愛するとはいえない。

むしろ愛するとは、こんなにまで自分としては努力しても、なお相手の求めるものを与えることのできない自分の至らなさを考えることである。

自分が相手に与えたものでなく、相手が求めるものを考えるのが愛である。

努力しながらも自分は相手の求めるものを与えることができないことを寂しく思うのが愛である。

もちろんこの場合、彼女の側にもこうした姿勢が必要であることはいうまでもない。お互いにこうした姿勢があって愛は成り立つのである。

彼女の側からすれば、父親のいない寂しさを婚約者に訴えるのではなく、婚約者が自分のためにしてくれていることを感謝することが愛であろう。

お互いの間にこうした労《いたわ》りがあって愛は成立するのである。

もし一方が愛することではなく愛されることのみ望むならば、愛は成立し得ないであろう。

相手のことを考えるのが愛である。愛されることのみを求める人間を見て、愛そうとする人間は、自分は相手が求めているものを与えることができないと知る。

愛そうとする人間は愛されようとする人間から離れていくに違いないのである。

愛されようとする人間は救われることを求めているのである。しかし救いを求めている人間を人間が救うことはできない。

自身を自ら救おうとしている人間がお互いに相手を救い得るのである。

愛するということは甘えの正反対である。愛するとは相手を理解しようとすることであって、相手からの理解を求める態度ではない。

そこに愛することの苦しみがある。やりきれなさがある。

愛することができるためには孤独に耐えるだけの強さがなければならない。

愛するとは「わかって！　私はお父さんが懐かしくていま寂しいの、わかって！」ということではない。

そして、ブスーッとふてくされたり、すねたりして相手が相手の立場を離れて自分を理解することを求めることではない。相手が自分の寂しさを理解し共感しないことをすねることではない。

愛するとは自分の寂しさをこらえて相手の疲れや忙しさを理解しようとする態度である。

しかし、自分を理解してもらいたい、そう思わない人が一体いるだろうか。誰だって自分を理解してもらいたい。ことに大切な人から理解してもらいたい。しかしその気持ちに負けないことが愛することなのである。

愛とはなんと苦しい営みであろうか。

相手と心が触れていない人は錯覚が大きい

とんちんかんな愛とは、相手の求めていないものを与えるのに無理な努力をして、そして相手に感謝を求めることである。

夫は妻に車を買ってやりたかった。車は学生がアルバイトをして買うのなら案外簡単に買えるが、一家を支えている者が買おうとするとそれは大変なことである。

彼は同僚との酒の付き合いを3回に1回は断わって金を貯めて車を買った。彼の喜びようは大変であった。

俺は有名会社の社員でもある。首都圏に小さいながらも住まいがある。そのうえいま車を買った。

彼はこれで妻の求めるものをすべて与えてやれたと思い大得意である。

しかし彼女はあまり嬉しそうではなかった。それが彼には許しがたく思えた。

一体これ以上何の不満があるのだ。彼は車を買ったがゆえに夫婦喧嘩が絶えなくなってしまった。

しかし残念ながら奥さんが求めていたのは彼の求めるものと異なっていたのである。

彼女は別に東京周辺に住みたくはなかった。いやできれば地方に行きたかった。東京の家を売って地方の庭のある家がほしかった。別に自分のご主人が有名会社のエリート社員であることを求めてはいなかった。地方の会社の社員でよかった。

彼女はむしろそうしたことより、外国文学や日本文学に関心があり、小説を読むことが好きだった。

彼女の夢はむしろでき得れば自分のご主人と静かに作家論でもやりたかったのである。

しかし彼の側からすれば、「有名会社の社員で将来の生活の不安もなく、いままた車も買えて休日には観光地にも行ける、現代の日本のデート以上に恵まれた環境があるか」という気持ちが強かった。

俺はこれだけのことをするために一体どれだけの努力をしてきたことか、いや考えてみればもの心がついてから努力努力の毎日だった。

そしてその成果が今日なのではないか、そして有名会社のエリート社員になってからも女に走ることなく、お前のために車を買ってやった。

他の人間は浮気をしようとしているのに、俺はそんなことをしないでお前のために車を買ってやったのだ。少しは感謝しろ、いままでの俺の努力や思いやりがわからないのか、彼はむしろ苛立つばかりであった。

彼は奥さんのことを考え努力すればするほどイライラが増してきた。

彼が奥さんのことを考えて努力したことに嘘はない。そして奥さんのことを真剣に考えたことにも嘘はない。

しかしただ彼は奥さんが自分と同じものを求めていると錯覚したのである。

そしてこの錯覚は大きい。こうした錯覚は実はその人格の未成熟さを表す。情緒的に未成熟な人は他人が自分と同じものを求めていると思いがちなのである。

多くの実績のあるアメリカの精神科医ジョージ・ウエインバーグは、抑圧のある人は他人が自分に何を期待しているかを間違えるという。多少誇張して端的にいえば、神経症的傾向の強い人は、他人が自分に何を期待しているかを間違えるということである。

そして実らない努力に神経症的傾向の強い人は怒る。

相手が自分に何を期待しているかを間違える人は、相手と心が触れていないのであろう。お互いの間に深いレベルでのコミュニケーションがない。

彼は奥さんが自分と同じものを求めていると錯覚したがゆえに、不服で不服で仕方なかったのである。

人間お互いに求めるものが違ったときそれはどうしようもないズレを生みだす。

お互いどんなに努力しても、２人の溝は深まるばかりである。

なんでも努力をすればいいというものではない。相手のためと思い努力をすれば努力をするほど、お互いがイライラするだけである。

彼は奥さんを愛しているつもりであった。しかし実は奥さんを愛してはいなかったのである。

彼は自分のことしか考えてはいなかった。なぜなら、愛するとは相手の立場にたち相手の求めるものを考えることだからである。

お互いに求めるものが異なったとき、別れることも賢明な方法の一つである。お互いのズレをうずめようとすればするほどお互いに無理がでて憔悴《しょうすい》するばかりである。

夫は家族のために必死で働く。飲みたい酒さえ我慢して飲まずに必死で働く。家族のためということで夫は何もかも我慢する。そして会社でも真面目に勤勉に働いてきた。

それでも定年とともに妻から離婚を申し込まれる。男は呆然とする。一体何が起きたのか理解できない。「そんな、馬鹿な」と思っても妻の決意は固い。

こうした人間関係の悲劇を避けるためにはどうしたらいいのだろうか。

それにはどうしても、人はそれぞれこれほど違うということを心底知らなければならない。

努力するとか、耐えるとかいうことを無条件に望ましいとしてきたことが間違っているのである。

無理をしても「そのことをすることは望ましい」としてきた価値観が間違っているのである。

もちろん人はそれぞれこれほど違うということに気がついたからといって、これらの人間関係の悲劇をすべて避けられるというわけではない。しかしそれを知っていれば避けられた悲劇も多い。努力が実を結ぶ場合も多い。

人は相手を知らなければ、自分の人生のすべてをその人にかけてもその人を幸せにすることはできない。自分の人生のすべてをかけても、その人のためにはならないことも多い。逆に迷惑なことさえある。

人はなんと無駄な努力をしているのかと思う。お互いの違いを知らないで延々と無駄な努力をしているのである。

間違った愛は、子供に対する母親の怒りに似ている

こうしたトンチンカンな愛が最も典型的に表れるのは親子の場合である。別に子供の求めないことをしておいて、「こんなにまでしてあげたのがわからないの」という例の親の怒りである。

また母親に心理的な余裕があれば、子供が何か手伝いをしたときに、迷惑であっても「ありがとう、助かるわー」といえる。

母親がそういえば子供は満足する。そしてさらに子供は「やる気」になる。

子供が家の手伝いをした。そのときに「そんなことよりも勉強をして」と母親がいったとしたら子供はまず「やる気」をなくす。

ではどういうときにそういってしまうか。それは母親が精一杯で限界のときである。母親のほうが「もう、私は限界です」と心のなかで叫んでいる。

身勝手な姑《しゅうとめ》との関係で悲鳴を上げている。経済的にも今月は苦しくてどうしようかと悩んでいる。

親自身が心のなかで「助けてくれー」と叫んでいるときに、「こんなにまでしてあげたのがわからないの」と子供にいってしまう。

実は母親自身がSOSを発しているのだが、そこを踏ん張って「こんなにもしてくれたの」というと、子供は嬉しくなって「もっとがんばろう」と思う。

これは親子でも恋愛でも同じである。

先に「愛することができるためには孤独に耐えるだけの強さがなければならない」と書いた。理解してもらえなくて悔しいときに、相手に優しくすることが踏ん張りどころなのである。

残念ながら自己執着が強いと踏ん張れない。

自己執着が強いと相手のことをまったく考えられない。自己執着が強いということは、相手に関心をもっていないということである。

自分にしか関心がもてないのが自己執着である。自己執着が強い人は、嘆いている相手の気持ちを考えることはない。

期待してはいけないことを理解してあきらめる

相手を理解し相手から「最善を引き出すため」には、相手に関心をもつ必要がある。

しかし恋人同士が、普通の人間関係よりも心のゆとりをもって話し合うのは難しい。相手に対する自分の欲求や要求が強すぎる。

恋人を理解するのは、同僚、上司、友人などを理解するより難しい。

他の人間関係よりも、恋愛においては相手に期待することが大きくてかつ強い。

どのような人間関係であれ、もし「魚に泳ぐことを期待し、猿に木登りを期待すること」ができれば、すべてはうまくいく。期待すべきものを期待することでお互いに幸せになれる。

そうしてこそ相手からベストを引き出せる。恋人同士は幸せになり、会社は順調に回転し、従業員もハッピー・ハッピーになれる。子供はすくすくと成長し、親も子もハッピー・ハッピーになれる。

しかしもし逆に、「猿に泳ぐことを期待し、魚に木登りを期待」すれば、すべての人間関係はまずくなる。期待すべきでないものを期待することでお互いに不幸になる。

なぜ相手に関心をもつ必要があるのか。それは「相手に期待すべきものを期待するため」であり、「相手に期待してはいけないことを、あきらめるため」である。

それをあきらめきれないから、社員も社長も努力しながらも会社は倒産し、親は子供のために働きつつ、親子は憎み合う。

親子や企業でこうだから、なおのこと恋人同士の関係は難しい。

相手の特性、考え方、感じ方、過去からの積み重ねとしてでき上がった性格を知れば、相手には期待してはいけないことがある。理性はあきらめられる。

それが知恵である。

しかし男と女の関係では理性よりも感情のほうが勝つことが普通である。知恵が最も働かないのが恋愛関係である。

アメリカのシーベリーという心理学者が「白鳥に良い声で鳴くことを期待するのは期待するほうが間違っている」と述べている。「話し合い」でそれがお互いに理解できればそれに越したことはない。

要するに相手の身になって考えれば「その人に何を期待し、何を期待してはいけないか」がわかる。

私たちは、相手の立場にたって考えないために、その人に期待することがおかしいことを期待する。相手の立場にたって考えようとしても、考えられないのが恋愛である。

いかなる人間関係よりも確実に失敗するのが恋愛関係である。その理由は、恋愛では理性が最も働かないからである。

そのことで、どれほどの怒りや失望というマイナスの感情に悩まされているだろうか。

恋愛以外のいろいろな人間関係でもトラブルは尽きない。

上司は部下の無能を嘆き、頭を抱える。部下は上司の無理解に怒りを覚え、会社を辞めたいと思う。そしてお互いに不信と恨みをもちつつ結局は同じ職場で働く。

しかし、もしかしたら会社の人間関係なら、上司が部下の性質や生まれてからの環境で積み重ねられた感情的記憶を理解し、相手の身になって話し合えば、それが理解できるかもしれない。

しかし、恋人同士は、上司と部下のように冷静に話し合えない。

お互いに真面目で努力家で善人でも人間関係は難しい。上司と部下の関係でさえうまくいかない。お互いのいい分が正しくてもうまくいかない。

「況《いわ》んや、恋愛においてをや」である。

恋愛を含めて人間関係では努力とか、善意とか、真面目とか、忍耐とか、そういうことだけでうまくいくものではない。

相手は何が嫌で、何が得意で、何をしたいのかがわからなければいけない。

ことに恋愛ではそうである。相手のすることを「馬鹿らしい。そんなことに何の意味があるのだ」と思うことがあろう。

しかしそれは自分にとって意味のない馬鹿らしいことで、相手にとっては意味のあることかもしれない。

ある人にとって意味のある行為と、その恋人にとって意味のある行為とは違う。その違いを理解しないことから、男は女を蔑《さげす》み、女は男を冷たい人と嫌う。

そして恋の熱が冷める。冷めるだけなら良いが、憎しみをもつことが多い。

不要なトラブルを避けるのが最も難しいのが恋愛である。

普通の人間関係以上に情緒的成熟が求められるのが恋愛関係である。

人間は多くの愛によって傷つきながら成長していく。自分が愛していると思ったのに、あるとき自分は決して愛してはいないと気づいたり、また自分はある人から愛されていると思っていたが、実は相手はまったく自分を愛していないということがわかったり、お互いに愛し合っていると信じながらどうしてもうまくいかず、あるときお互いが求めるものが違っていて、お互いに無理をしていたことがわかったりする。

そしてそのたびに傷つきそして成長していく。
人間にとって生きるということはなんとしんどいことであろうか。

愛とは相手のすべてを許すこと

いままでいくつかの壊れた愛を語ってきた。実はこれらの愛を通して語りたかったのは、愛するとは必ずしもすべて人間の自然の感情ではないということである。

依存心の強い人は愛を語るとき、愛を与えるより愛を得ることを考えている。

ヘロインの依存症患者100人に面接調査をしたアメリカの社会学の結果がある（註：Chein Gerad, Lee Rosenfeld, The Road To H, Basic Books, Inc., Publishers, New York/London, 1964)。

その本にサムという薬物依存症患者の男性が出てくる。彼はヘロインをやっている。彼がある女性と親しくなった。彼女はサムに薬を止めるように勧めた。

彼女は麻薬に自分が巻き込まれることを好まなかった。それで一週間サムと別れることにした。そしてその一週間サムはヘロインから遠ざかっていて、一週間後に会う約束をした。彼女は「もし自分と交際を続けるなら麻薬を止めてくれ」といったのである。一週間後の再会のとき、サムは薬を飲んで酔ってやってきた。そこで彼女は別れた。

そのときサムは何といったか。

彼女がもし彼女の主張するように本当に俺を愛しているなら、俺を置いていくことがどうしてできようか、といったのである。

ヘロイン依存症であるサムには、逆のことが考えられない。彼は「もし俺が本当に彼女を愛していたならば、俺は薬を飲まないでその場にやってきたろう」と決していわない。またそうは思えないのである。

ヘロイン依存症患者の特徴は、依頼心の強いことである。そして積極的な姿勢を欠いている。

アメリカの文化における一般的男性像は、積極性や女性を保護することである。しかしヘロイン依存症患者には、この男性的役割意識がない。

男性としてのアイデンティティーを失っているのである。

愛するとは必ずしもすべての人の自然な感情ではない。それを正確にいえば、愛するということは学習するという面がある。

「愛されたい」という気持ちは生まれつきのものであろう。小さい子供にとって愛されることは必要なことである。

母親固着がどのくらい満たされているか、満たされていないか、それは人によって違う。

それは小さい頃に自分が母親からどのくらいしてもらいたいことをしてもらったかである。

遊んでもらいたいときに遊んでもらった、食べさせてもらいたいときに食べさせてもらった、お使いに連れて行ってもらいたいときに連れていってもらった等々。

ロシア民謡のように「母さんが夜なべをして手袋編んでくれた」ことが嬉しい。

子供は「してもらうこと」が嬉しい。

母親との世界を作ってもらった子供と、その世界を作ってもらえなかった子供がいる。

愛されて人は初めて愛することができるようになる

愛されることは何も学習しなくてもできるものである。性行為を教わることなしにできるように、愛されることも教わることなしにできる。

しかし愛するということは学習という部分が入る。

もちろんこれに反論する人もいるだろう。

『免疫力のある人格』(註：Henry Dreher 'The Immune Power Personality' Dutton, 1995）という著作がある。

そこにアラン・ラックスという人の説が述べられているが、人は人助けのボランティアをすると、自身の健康も改善する。

こうした人助けをする活動に従事すると、感情的肉体的に活性化することができる。

人を助けると満足感が得られ温かい気持ちになり、苦悩や苦痛が減少する。

ボランティア活動に従事する数千人にアンケートを実施し統計解析を行うと、幸福感と健康に関連性が見られた。

人を助けると助けるほうも力を与えられるというのである。生物は競争すると同時に協同的でないと種の維持はできず、他人を助けて健康という報いを受けることは、進化論的に見ても納得できることである。

数ヵ月で赤ん坊はすでに他人に関心をもち、2歳ぐらいで他人を助けようとするようになる。

もちろんこういう考え方に反対するものではないが、実際には成長の過程でさまざまな障害を克服しないと、こういう傾向はさらには発達しない。

それは現実の世の中には理想的な母親ばかりいるものではない、現実の母親は母なるものをもった母親ばかりではないからである。

愛されることの喜びははじめからあるが、愛することの喜びは、愛されることと同じようにはじめからあるものではない。

それは自らのナルシシズムと戦い、自らの感情的未成熟を克服していく苦しい心の成長の結果である。

愛するとは相手そのものへの関心なのである。ナルシシストは相手を愛しているところの自分にしか関心がない。相手を愛している自分の姿を見たくて恋しているのである。

そして愛している自分の姿に酔っているだけである。私はあなたを愛しています、私がどれほどあなたを愛しているかをあなたは想像できないでしょう、という選挙運動のような愛の連呼はその人が自分の姿に酔っていることを示しているにすぎない。

私はどんなにあなたを愛しているでしょう、あなたのためなら私はどんなことでも耐えますと書くとき、書く人はなんと気持ちのよいことだろう。

実は相手は誰でもいいのだ。大切なのは自分の献身的な愛の美しさを語ることが目的なのだから。

その献身的な愛の美しさに自分が酔っているのである。私はなんと素晴らしい女性だろうと自分に惚れ惚れしている。

それが選挙運動なみの愛の連呼である。

愛するとは自らの依存心に対する勝利であり、ナルシシズムの克服である。愛するとはたとえ自分の評価を傷つけ、自分にとって不快なものであっても、もし相手が自らの成長のためにそれを望むならそれを許すことである。

無意識の世界で母親に甘えていたい夫

たとえばあるビジネスパーソンが年上の女性と結婚した。彼女は高等学校の日本史の先生である。

姉さん女房でうまくいっていたのは性の興奮のあるはじめのほんのわずかであった。

彼は依存心が強く何事も自分で決心できない男だった。無意識の世界においては母親に甘えていたいのである。

肉体的年齢や社会的年齢は見えるが、心理的年齢は見えない。

そこが問題なのである。38歳だからといって子供と同じように「お母さんに甘えたい時期」が終わっているわけではない。終わっている人は幸福な人であり、終わっていない人は不幸な人である。

38歳になって彼は直接母親に甘えることはできない。しかし母親の代理としての恋人に甘えることならできる。彼は恋人に母親と同じ〈無条件な〉愛を求めていた。要するに恋人に代理ママを求めていた。

よいことをしたから褒めてくれる、悪いことをしたら叱られるという父性的愛ではなく、いかなることをしても相手が悪く自分は悪くないと自分をかばってもらえる愛を彼は求めていたのである。

幼児的願望、近親相姦願望、甘えの欲求、母親固着というような名前で呼ばれる基本的な欲求は、父性的愛では満足しない。


そして彼は絶えず褒められていたかった。「絶えず」ということがポイントである。賞賛の言葉が聞けなければナルシシズムが傷つく。

ナルシシストは相手が自分のことを「さすが」と褒め続けることだけに関心がある。

逆に相手が自分を批判することには超過敏である。好意をもってアドバイスをしてくれても傷つく。

つまり、フロムの言葉を使えば、自分への反響として以外に他人には注意を払わない。

さらにナルシシストは皆に愛されなければ気がすまない。

要するに彼は情緒的には未成熟だった。

大人になって幼児的願望をもっていれば、傷つき続ける。

一方的に愛されることを求める人は常に傷つく。求める愛が得られないからである。

大人になって小さい頃のような愛を求めて、その求める愛が得られることはない。求めるものが得られなければ、当然傷つき、憎しみをもつ。


はじめの恋の興奮が冷めてきたとき、彼は自分の奥さんの給料が自分より多いということが不愉快になりだした。

それが彼のナルシシズムや、カレン・ホルナイのいう神経症自尊心といわれるものである。それが徹底的に傷つけられた。

彼は「お前が働いているから会社でみっともない」というようなことをいったり、「いい女房はもっと主人の世話をする」と自分の奥さんの悪口を絶えずいうようになった。

しかし彼は奥さんの給料が多いので同僚や後輩に酒をご馳走していた。そしてそのことによって、皆から褒められたいので、奥さんが辞めることも好まなかった。

彼は「お前が働いて自分は大変迷惑している」ということにして、そのうえで彼女に働いていてもらいたかった。

そんなことではじめはすぐに奥さんは退職しなかった。しかし、やがて彼の神経症的自尊心がどうにも許さなくなって奥さんを退職させた。

奥さんが退職したからといって2人の結婚がうまくいくものではない。退職によって彼のナルシシズムが解消するわけではない。いざこざの絶えない結婚生活であった。

望みをかなえてあげることが大人の条件

彼にとって愛するとは何か、それは奥さんが先生をしたがっているのだから先生をさせてあげることである。奥さんが日本史に関心をもち、先生をしたいという望みを実現させてあげることが愛するということである。

奥さんより給料が少ないということで傷つくナルシシズムや、男の神経症的自尊心を捨てることが愛することである。

実はそんな男の神経症的自尊心を捨てることのほうがはるかに男性的な行為なのである。

「俺のほうが給料が多い、俺が養ってやっている」などという「偽りの誇り」は幼児的な感情で男性的どころではない。

それは自分の傷ついたナルシシズムを、「俺はお前より給料が多い」ということで、覆い隠そうとしているあがきにすぎない。

彼は自らのナルシシズムを解消できないで、無力感や不安や劣等感に悩まされているからこそ、給料の多い少ないが気になる。

彼は単に自分の無力感からどう逃げるか、自分の不安や劣等感の悩みからどう抜け出すかということであがいているのであって、奥さんの自己実現に関心があるわけではない。

彼は元々情緒的に不安定であるがゆえに、奥さんの高い給料が引き金になって自分の情緒的生活が決定的に乱されるのである。

マザコンの男性は、女性を愛することができない

愛するとは、この情緒的未成熟を克服し、奥さんが奥さんのために存在することを認めてあげることである。

女は家にいればそれでいいのだという男性の考え方は、男性の自信のなさを物語っているにすぎない。

それは元々ある自我の不安定さを男と女の上下関係によって鎮《しず》めようとしているにすぎない。

自我の不安定さに悩む男性が、自らの自我の高揚を覚えるために必要な男女関係が男尊女卑である。自我の不安定さに苦しむ男性が女性の前で、威張《いば》り散らしているその瞬間だけ、自我の不安定な苦しみから彼は救われる。

威張り散らすことが男性的と思われているが、それは男性的ではなく情緒的未成熟といったほうがいいだろう。

ある一定の発達段階で情緒の成熟が止まったままでいる男性が、自らの内なる葛藤を女性をひきずり込むことで解決しようとしているにすぎない。

男性的どころか、小さい子が「お母さーん」といって泣いている姿である。

そうした意味で女性というのは、マザコンの男性から愛されることはない。

マザコンの男性は、自らの情緒的安定を自ら自身に頼って獲得しようとしないで、女性に威張ることによって、獲得しようとしている。あるいは自分の恋人をしつこく非難することによって獲得しようとしている。

愛するという行為は、覚悟と努力がいる

愛するということは性行為と異なり、黙っていて何の努力もなしにできるものではない。あるいは愛されることのようにはじめから心地よいものではない。

相手そのものへの関心がもてるまでに情緒的に成熟していない限り、愛するということはできない。

自分以外のものへの関心がまったくない人間がどうして愛することができよう。対象への関心をもち得る人間にしてはじめて愛することができる。

庭に花を植えて水をやって育てるとき、自分が水をあげてこんなに美しくしたということに関心があるのではなく、花の生長、美しさそのものへの関心が「対象への関心」である。その人が花そのものについて語ることにどれだけの時間が費やせるかということである。

ナルシシストは「私は寒い朝も水をあげたのよ」と、自分が花にしてあげた行為なら一時間でも二時間でも語り続けていられる。

しかし花が咲きはじめて一日経ち二日経って変化していく有様については、何時間も語り続けることはできない。

犬を飼うことについても同じである。犬が私にどれだけなついているか、犬は私にどれだけ忠実か、私はこの犬を育てるのにどのくらい苦労したかということについてナルシストは延々としゃべる。

しかし犬そのものの性質の面白さについては延々としゃべることはできない。

そもそもナルシストは動物を見て、「かわいいなあ」と感じるよりも、自分が病気にならないかどうかのほうが心配で自分の体に関心をもつ。

つまり外的世界に関心をもたないで、「病気を恐れて絶えず自分の体に心を奪われている」のがナルシシストである。

野球の試合についても、ナルシシストはそこで自分がどれくらい活躍したか、そして審判は自分にどれだけ不公平であったかということについて留まることなくしゃべるが、野球そのものの面白さ、どういうダブルプレーがあり、投手はどのような投げ方をしたかということについては熱を入れて語ることができない。

自分に対してではなく、対象にまで自分の関心がひろがることが心理的な大人への条件である。

恋人がどれだけ自分を愛してくれるかということばかりでなく、恋人が自分と関係のない生活の分野において行うことにも、喜びを感じるようになってこそ心理的な大人なのである。

ナルシシストという言葉の他に、自己執着という言葉もある。執着性格者はナルシシストでもある。

ナルシシズムの情熱とは自己執着のエネルギーでもある。

自己執着が強いということは相手のことをまったく考えられないということである。

自己執着が強いということは、相手に関心をもてていないということである。自分にしか関心がもてないのが自己執着である。

外に関心がもてないということは、心の葛藤がそれだけ深刻であるという意味でもある。

意識と無意識の間に乖離があり、その乖離に気を奪われて、周囲の世界に関心がもてないということである。つまり心に葛藤があり、それに気を奪われる。

内戦をしている国が外国そのものに関心をもてないのと同じである。

たとえば自己執着から深刻に悩んでいる人がいる。そういう人が手紙を書く。すると自分の書いた手紙を相手が読んだらどう思うだろうということをまったく考えない。相手の立場から考えると、「自分のしていることはどういうことになるだろう」ということが考えられない。

「私は辛い」ということだけが先行して、その手紙を読む人の立場を考えない。

あるいは自分が会いたいと思う人がいる。すると「会ってくれ」という。しかし「相手がどう思うか」ということは考えられない。自分と会う人の立場を考えられない。

相手から見て、自分はどういう位置にいるかということが考えられない。

相手にも仕事がある、相手にも生活があるというようなことが考えられない。

憂鬱な顔をして相手に絡んだら「相手は自分を嫌がるだろう」ということが想像できない。

自己執着が強い人は、相手の立場に立って自分のすることの意味を考えられない。

たとえば愚痴をいう。自分の小さい頃の惨めな話をする。自分の愚痴を聞いても「相手は興味がない」ということが想像できない。

自分の小さい頃の話は、相手にとって興味がないということが想像できない。だから延々と小さい頃の話をする。

自分の小さい頃、友だちとどういうことがあったか、家族関係はどうであったか、学校の先生はどういう人であったか、等々は見知らぬ人間にとっては興味がないということが考えられない。

自己執着が強い人は、聞いている相手の気持ちを考えることはない。

恋愛について、ナルシシストは自分が声をかければ相手は来るだろうと錯覚をしていることがある。

したがって自分はどの人に声をかければいいかをあまり考えない。この人は自分とは合わないだろう、あるいは合うだろうという発想そのものがあまりない。

自己執着の強い人やナルシシストの反対が、無心の人である。

無心ということは相手の気持ちを汲み取れるということである。

我々日本人がよくいう「無」とはナルシシズムが克服された心理状態ではなかろうか。このことはフロムも述べている。「仏陀の教義における『悟りをひらいた人』とは、自己のナルシシズムを克服し、完全に悟りの境地に達した人のことなのである」(註：Erich Fromm,

The Heart Of Man, Harper & Row, Publishers, New York,196『悪について』鈴木重吉訳、紀伊國屋書店、1965, p.113)。

愛したいという欲求は、その人の成熟を表す

対象への関心こそ人間の情緒の成熟を物語り、同時にその人の精神生活の広さを示す。恋人がどれだけ自分を愛してくれるかということについては子供も大人も誰でもが関心をもつ。

愛するということは相手そのものへの関心であり、その関心に一つひとつ喜びを見いだしていくことである。

自らの情緒的未成熟な部分を切り捨て、愛することによって知った喜びが、次のさらに大きな愛をもたらしてくる。それが愛における学習である。

だからこそ愛には時間がかかる。奥さんに先生を退職させた彼はそのことに喜びを見つけることができず、やはりいざこざは続く。

もし彼が奥さんに、図書館へ勉強に行く時間を作ってあげたとしよう。そして勉強して奥さんが生き生きとしてきたとする。そのことが2人の関係をスムーズにし、彼にとっても嬉しいとしよう。

その喜びの体験こそ再び彼をして、奥さんが仕事に情熱をもつように仕向けることになる。

愛したいという欲求がはじめから人間にあるのではない。愛してみたら嬉しかった。

それが愛における学習ということである。それに反して、愛されたいという欲求ははじめから人間にある。しかし愛されることは心地よくとも生き甲斐とはならない。

愛されることは生きる意味を与えない。しかし愛することは生き甲斐であり、その人に生きる意味を与える。

好きになるということは生まれつきである。

しかし、やはり好きになるということと愛するということは別である。

好きになることと愛することが同じであることを錯覚する人は多い。

好きであることと愛することが同じであるためには、人間はすべて無個性で、同じ欲望をもち、同じことに関心をもち、同じことに幸福を感じ、同じことに不幸を感じなければならない。

そして何よりも人間はお互い同士すぐに理解し合えることが前提になっている。人間はお互い同士異なるからこそ、簡単に好きになれても簡単に愛することができないのである。

我々はだいたいにおいてお互いが同じような人間であると思っている。自分の望むことは他人も同じように望んでいると思うのである。

そしてこの人間観はその人の情緒の発達段階がまだ未成熟であることを表している。


小さな赤ん坊を抱いた母親は自分がその子を可愛いと思うと、すべての人が自分と同じにその子を可愛いと思うようである。

そしてその子に無関心だとその人が冷たい人だと思ったりもする。

自分が面白いことでも他人にはつまらないかもしれない。自分がつまらなくても他人には面白いかもしれないという、お互いの相違を認めたがらないのである。そして自分と違うことは冷たい人、悪いことになってしまう。

人間は理解し合うのが困難だということを認めない。情緒的に未成熟な母親はだいたい自分の子供の心はわかるという前提に立っている。

だからこそ時々、子供が意外なことをやると「我が子ながらわからない」と嘆いたりする。「我が子ながらわからない」という驚きは我が子なのだからわかるのが当たり前という前提があるからである。

生みの親でなければいま子供が何を望んでいるかが黙っていてはわからない、と得意になっている母親がいる。子供が親に適応していく努力はまったく無視され、自分はすべてわかっていると思うのである。

そしてこのように他人はすべてわかると信じている人間ほど、他人は自分をわかってくれないと嘆くのである。

「母親の気持ちがあなたなんかにわかりますか！」となる。黙っていても子供はわかる、そう誇る母親はやがて、「母親の気持ちがあなたにわかりますか！」となる。自己中心、独り善がりで感情的未成熟なのである。

こういう人間は「好き」であることと、「愛する」ことが同じであると信じているのである。好きになると愛していると錯覚する。

善意は決して悪をなし得ないという幼稚な考えをもっている。自分は善意で親切心からやったんだと自らの行為を正当化しようとする女子高校生のような母親も多い。

自分と他人が異なる以上、たとえどんなに善意でやったことでも他人に迷惑になることはある。「この自分がはたして相手を助けることができるだろうか?」という疑問がないのである。

自分は相手に好意をもち、相手にこれだけのことをしてあげられる能力をもっている。しかし大切なのはやはり、「はたして自分は相手を助けることができるのだろうか?」という疑問である。

「好き」と「愛する」とでは次元が異なる

自分がしてあげられることは相手にとって迷惑であるかもしれない。相手はそれをしてもらうことを望んでいないかもしれない。

すべての人間が同じ願望を抱くなら、好きは愛するにつながっていくことがあるかもしれない。

しかし人間はお互いに異なる以上、好きと愛するとは異なるのである。

「好き」と「愛する」とが同じと錯覚するから人間関係がサラリとしないのではなかろうか。

偶然の隣人に幸せを祈ってサラリと別れるということが少ない。必ず何かしてあげられると思っている人がいる。

お互い見知らぬ同士お互いの幸せを祈って別れる。そこに人間の悲しい宿命があるのではなかろうか。

それがときに見知らぬ者は見知らぬ者で何の関係もなく、見知っている者同士は見知っている者同士で、お互いに祈り合う以上にしてあげられることが必ずあることになっている。

相手に余計なお節介を焼く。

そしてまた相手が何もしてくれないと恨むのである。

人間のなかにはお互いに幸せを祈るだけの関係しか存在し得ない場合が多いということを認めようとしない。

したがってどんなに厚かましくても好意は受けなければならない。相手の好意がうるさいと思えば自分のほうが何か欠陥があるとさえ思う。そしてまた自分の好意が受けられないと怒る。

第五章

苦しんでこそ、ようやく愛する力をもてる

自分をしっかりもたなければ、人を愛することはできない

自分で自分を支えられるようになったとき、はじめて人は人を愛することができるようになるのではないだろうか。

他人の称賛や尊敬を必要としているとき、あるいは他人に嫌われることを恐れているとき、人は人を愛することはできない。

小さい頃、親から褒められることが何よりも嬉しいときがある。そんなときには何をやってもそれは親から褒められるための行為なのである。

そういう時期にどうして人を愛することができようか？

若い頃、仲間からの承認を必要としている時期がある。仲間に「男らしい」とか「素晴らしい女性」と褒められることが嬉しい時期がある。

その時期の恋愛は仲間内へ見せるためのものになりがちである。

結婚してからご主人の朝食を作ってやらないことを得意げに近所の人にいっている奥さん

がいる。その人は周りの人の承認を必要としているのである。周りの人の尊敬を期待しているのである。

自分はこんなに夫から大切にされているということを皆に知ってもらいたい。

皆にこんなに自分は夫から大切にされていると思われることがその人には必要なのであろう。そして、他人の前で疲れて帰ってきたご主人に「お茶いれて」などといったりする。

そういう姿を他人に見せて、他人に自分が大切にされていることを知ってもらいたいのである。

そうした人々は他人の評価によって自分を支えている人である。

他人にそう見てもらうことによって、自分の気持ちの安定を得ている。その人は夫との愛によって自らを支え、気持ちの安定を得ているのではなく、夫との「愛」を他人に見せて、他人の賞賛によって気持ちの安定を得ているのであろう。

そうした人にとって、まず大切なのは相手の気持ちや相手の健康ではなく、自分の気持ちを安定させることである。

恋人や夫は自分の気持ちを安定させるための道具でしかない。他人から「うらやましい」と思われることによって自らの自我の安定を勝ち得ようとしているのである。

男性のなかには、よく女性を粗末に扱うことで自分の男らしさを示そうとしている人がいる。しかし実はそこに示されているのは男らしさではなく情緒的な未成熟さである。

女性を粗末に扱うことによって、自分と他人に対して自分の価値を確認しようとしているにすぎない。

自分で自分の心を支えていられない男性、心の底において自分の無力感に悩んでいる男性、そういう男性は、ことさら人前で自分の恋人や妻を粗末に扱おうとする。

そのとき男性はそう扱われた女性の気持ちや立場を考えない。自分の心理的安定を得ようとすることで精一杯なのである。自分が苦しんでいる自己無力感からどう解放されるかということで精一杯なのがこれらの男性である。

だからこそ重い荷物を女性にもたせて一人で得意になっているのである。

またそういう人たちの周りには、そういうことを賞賛する人たちが集まる。自分の心理的安定を外側の状況に依存する人たちである。

そういう人たちは愛する能力がないから、周りに集まる人も、そういう人である。

カレン・ホルナイが自己蔑視は愛する能力を破壊するというが、その通りであろう。自己蔑視すると、何よりも人から「愛される」ことを求めて、そればかりに執着する。

つまり人を「愛する」ことには無関心である。自分の心の葛藤を解決することで精一杯で、それどころではないということである。

愛することができるかできないかは、その人のパーソナリティーの問題だから、配偶者を愛することができない人は、子供を愛することもできない。

恋人を愛することができない人は友人を愛することもできない。

愛するということは相手を愛することである。相手のことを考える心のゆとりのない者がどうして愛することができようか。

他人の前で自慢話をする必要のある人間は人を愛することはできない。他人の前で不必要なまでに自慢話をする人は、他人の尊敬を必要としているからである。

他人の尊敬を必要としている人間は、恋人からも大切にされることを必要としている。恋人から大切にされるといっても、その人の可能性を大切にされるということではなく、母親が子供をかばうように、恋人にかばわれることを必要としているということである。

他人からの称賛や恋人からかばわれることを必要としている人間が、どうして他人を愛することができようか。

他人からの称賛や尊敬を必要としている人間、それによって心の安定を得ようとする人間が、他人を愛することができないように、他人からの同情を必要としている人間も他人を愛することができない。

他人から「可哀そうに、可哀そうに」といわれようとする人がよくいる。

「辛い、辛い」と嘆いている人は、「私は辛い」といっているのではなく、「私にもっと注目して」といっているのである。

「私のことをもっと重要視して」といっているのである。愛を求めているのである。

同情を得て心の安定をはかろうとする人たち

ある2人兄弟で育った弟のほうである。大学時代に恋をして、その恋人に自分は小さい頃から親に差別されて育ったということをしきりにいった。

「親は何かといえば兄を大切にし、自分は十分な親の愛情を受けなかった」という愚痴である。そして自分は愛に飢えているといってすぐに自分を悲劇の主人公にしてしまう。

そして恋人に可哀そうにといわれようとし、可哀そうにといわれるのがその人にとって何よりも心地よかった。

自分は可哀そうな人間なのである、考えてみればこれほど強い立場はない。たとえ自分がひねくれても、それは自分が可哀そうなのだから仕方ない。まわりはそのひねくれた自分を許すべきことになってしまう。

なぜなら自分は親から可愛がられて育たなかった可哀そうな人間だからである。その人は非行に走ることもできる。そしてたとえ非行に走っても周囲の人たちはその非行に走った自分を非難することはできない。

なぜなら自分は親から愛されなかった可哀そうな人間だからである。

自分は可哀そうな人間だという訴えは、無条件の愛を要求しているのである。その無条件の愛を受ける資格と権利が自分にはある。自分は可哀そうな人間だからだ。

心理的健康な人だって無条件の愛を願うことがあるだろう。しかし心理的に健康な人は、それを相手に要求しない。況《いわ》んや資格や権利があるとは思わない。

社会人になってその弟の恋人もさすがに嫌気がさして逃げだした。すると彼はバー通いをはじめた。バーのホステスさんにさかんに「自分は可哀そうな男だ」といいふらして、同情を求めた。

そしてバー通いの金に困って会社の金を使い込んで解雇されてしまった。

男性の場合にはこのように結末がつく。

しかし女性の場合には少し違ったケースもある。ある女性が結婚した。ひどいナルシシストで、いちいち自分のやることに酔っている女性だった。

自分は夫を愛しているのに夫から大切にされない可哀そうな女だと一人で悲劇のヒロインになっていた。

やがて子供ができると、今度は子供が3歳、4歳ぐらいのうちから、「ママはパパにいじめられているの」という話を子供にしだした。そして子供と2人の世界に閉じこもってしまった。

遂に子供は父親に「パパ、ママをいじめないで」といった。それを聞いたとき夫は辛くて気を失いそうになったという。

その女性は自分が可哀そう可哀そうと皆にいわれて同情を集めようとするがために、自分の関係者すべてを泥沼にひきずり込んでしまったのである。

このような女性は決して夫も子供も愛してはいない。このような女性にとって、問題は子供でも夫でもなく、自分の気持ちなのである。

皆から「可哀そう」といわれることで心理的安定を得ようと、自分の関係者をその巻き添えにしただけである。

自分で自分の心を支えるために

いままで述べた2つのまったく異なった現象の底に流れる心理は、実はまったく同じひとつの心理である。

前者は自分は愛されているのだ、大切にされているのだと他人に見せびらかし、後者は、自分はいじめられているのだ、可哀そうなのだと他人に訴える。双方とも自分で自分の心を支えることのできない人たちである。他人の言動によって自分の心を支えようとしている。

自分で自分の心を支えられず絶えず不安な人間は、具体的にものごとを認知できない。

先のナルシシストの女性は、夫や子供を実はまったく愛していないにもかかわらず、自分は愛しているつもりになっている。

たとえば夫の仕事を決して手伝おうとはしない。商店の奥さんなのであるが、ご主人が帳簿をつけるのを一度まかせたら、もう間違いだらけでどうにもならない。

この話は少し前の話なので、いまの話にすればパソコンを習わないということである。

仕方なくご主人は、根気よく何度も何度も経理を教えた。しかし簡単な計算は間違えるわ、つけ方も滅茶苦茶でどうにもならない。

いまの話にすればエクセルも、パワーポイントも、ワードも習わない。

実はその奥さん、まったく帳簿をつける意欲がないのである。ご主人と一緒に働いて自分たちのお店をもとう、ご主人と一緒に自分たちの人生を切り拓いていこうという意志がない。

だから簡単な計算でさえ間違える。そしてそうしたことをやることについて、は文句ばかりいっている。

車に乗って遊びに行くことしか考えず、仕事を少しでも手伝ってもらおうとすれば一日中不愉快な顔をしている。

そしてやたらに自分のコートだ、靴だ、ハンドバッグだと買い漁っている。

それでいながら彼女は一人で、「私はどんなにあなたを愛していることでしょう、あなたについていきたいのです」などと平気で日記に書いている。

具体的に自分たちがやらねばならない帳簿をつけるという仕事に対する自分の態度から、自分の愛を考えることはしない。

もし自分が本当にあの人を愛していたならば、自分はその人の仕事を手伝うのは嬉しいはずだ、その人の仕事を自分は手伝いたいと思うはずだ、2人で一緒に一つのことをやっていることに喜びを感じるはずだ、とそのようには考えない。

抽象的に愛というものを考えて、決してそれが具体的なことと結びつかない。不安な人間は抽象的な愛については大演説をするし、大ラブレターを書く。

しかしその大演説やウンザリする大ラブレターの内容を自分の個々の具体性のなかで確かめようともしないし、具体性から出発して愛を考えようともしない。

要するに想像の世界に住んでいる。現実に対する感覚を失っている。

彼らは「偉大な大恋愛」に心を奪われて、いまを生きていない。いまこの瞬間を生きる能力を失っている。

不安な人はいまこの瞬間を楽しむことができない。いま相手と一緒にいる時間を大切にしない。

抽象的な人間と愛にたわむれることはやさしいが、現実に存在する具体的な人間を愛することは難しい。

自分で自分の心を支えるということは別の面からいうと、他人に対する恐怖心を捨てているということである。

対立葛藤を認識することで、克服し成長できる

よく地方から出てきた東京の大学生などで同棲をはじめる人がいる。そしてそのなかの多くは親に隠しているようである。

なぜ親に隠すか、それは親を恐れているからであろう。もちろんなかには親に知られて親からの送金がとだえるからという具体的なことで隠している人もいるだろう。

その具体的なことがいいか悪いか、当然か卑怯《ひきょう》かという議論はさておいて、ここで取り上げるのはそうした具体的に困ることで隠している学生たちではない。

そうした学生がはたして相手の恋人を愛しているだろうか。僕はことさら親に知らせる必

要はないと思う。ことさら知らせるのは反抗であって恐れの別の表現である気がする。

ことさら知らせる必要もないが、逆にことさら隠す必要もない。自然にしておけばいい。

問題はそれが親に知られそうになったときである。そのときその恋人たちが別れるか、それとも別れないかである。

いま男性のほうの親が知りそうになったとしよう。そのとき当然2つに分かれる。親に知られても同棲を続けようとする男性と、親に知られそうになって恋人と別れる男性とである。

ここで親に知られても同棲を続ける男性は問題ない。しかし親に知られそうになっていい訳をはじめる男性が一番問題である。

親孝行は大切だ、親を心配させることは俺にはできない、親は苦労して俺を育ててくれた。

いくらでも恋人と別れる口実はある。しかしその心理は親を恐れているというだけにすぎない。このときこの男性は親も恋人も恐れているのである。

要するに「依存と恐れ」という心理である。依存心の強い人は依存する人に対する恐れをもつ。

「親を心配させることは俺にはできない」と主張することによって自らの幼児的依存心を隠す。幼児的依存心によってできた世界を理想化し、自分自身を理想化している。

「俺にはできない」という言葉によって、自分を血も涙もある人間性豊かな人間であると自分を理想化している。

そして相手の恋人に対してはあくまで、自分は君を愛してないから別れるのではないということを主張しようとする。そう主張することによって相手の好意を引き止め、相手から憎まれたり軽蔑されたりすることを避けようとする。

人によっては相手を悲しませるのが可哀そうだからというかもしれない。しかしそのことの本質は相手にあるのでなく自分にある。相手が悲しがっているのを見ることが自分にとって辛いから、そのようなことを避けようとするにすぎない。

なぜならそのようにいう人はたいてい、その他のことについてまったく相手の立場や気持ちを無視した行動を平気でしているからである。

日常生活においてまったく自己中心的で相手の立場や気持ちを無視し踏みにじっても、その踏みにじっているということにすら気がつかない人がいる。

そうした人が恋人と別れるとき、よく「相手を悲しませるのが可哀そうだから」といかにも自分が自己中心的な人間ではないようなことをいい出す。

要するにこれらのような場合、つまり親に知られそうになって恋人と別れる場合、親を悲しませることは俺にはできないというのは嘘である。

そういうのは恋人を恐れて恋人に軽蔑されるのを避けようとしているにすぎない。また親が悲しむのを見て、自分が辛い思いをするのを避けようとしているにすぎない。

それは親の期待に反する行動をすることに対する罪の意識である。それは偽りの罪責感である。

大切なことは、そうしたとき、自分の内面を正直に見つめることであろう。自分の心のなかで対立葛藤しているのは、親への恐怖心と恋人への愛情なのである。

そのどちらが自分を動かすかということである。

我々は自らの内なる対立葛藤を認識することによってしか、対立葛藤を克服し成長していくことはできない。

我々は自らの内なる対立葛藤から眼を背けている限り成長もないし、他人を愛することができるような人間に成長することもない。

我々が恐れているのは何も親ばかりではない。恋人も恐れているし、親になれば今度は逆に子供を恐れている。他人を恐れているからこそ他人の噂が気になるのである。

いままでひいてきた例をさらに進めよう。親に見つかりそうになったとき、「俺には親を悲しませることはできない」といって別れていく男は表面的には傷つかない。

しかし傷つかないように用心深く行動する人間は男であれ、女であれ大切なものを失っている。それは自らの統合性であり、コミュニケーション能力である。そうして心の借金が増えていく。

そうして逃げる人は絶えず抑圧されたような不自由感から逃れることはできない。

サラ金からお金を借りれば利子は高いが、心の借金も利子が高い。

しかし、もしその男が親に見つかっても同棲を続けるなら彼は傷つく。あるいはもしハッキリと俺にとっては親のほうが君より大切だといって別れれば、それも傷つく。

情緒的に未成熟な者は安全第一で、傷つくことを避ける。どうしたら傷つかないかということばかりを考えていて、愛する喜びの体験ができない。

心理的成長に大切なのは傷を恐れ傷つかないように用心深くすることではなく、傷に耐え、傷のなかに自分の心の統合性を維持しようとすることである。

傷のなかに自らの統合性を維持する心こそ、自らを発見していく心である。

それは活動的な成長する心である。

傷つかずに人は自立することはできない

しかし考えてみるならば、傷に耐え、傷のなかに自らの統合性を維持し、傷を克服していくということが人間の心理的成長をもたらす。それによってこそ心理的成長は可能なのではなかろうか。いや可能な時期になって傷つくのではなかろうか。

我々は小学生の頃、恋人と同棲をしたいという心理的、肉体的欲望をもってはいない。その時点では親との否定的対立的面は表れてはこない。

親は自らの欲望を抑圧する対立者として存在しない。

しかし、人間が肉体的に成長を遂げた、ある一定の年齢に達すると同棲の欲求は出てくる。その時点ではじめて、前に書いた例のような問題が出てくるのである。

小学生の頃親を乗り越えるのは不可能であろうし、親への恐怖心をなくすことは不可能である。何よりもその必要はない。

しかし同棲への欲求が表れる時期というのは、同時に親を乗り越えることが可能な時期なのである。だからこそ同棲への欲求が表れるのであろう。

もちろんそんな例ばかりでなく、世の中の多くは親にも友人にも祝福されて結婚という形式をとって一緒に生活をはじめるというかもしれない。

しかしこれはちょうど、いまの日本の社会において経済的に豊かな者も経済的に貧しい者も自己疎外感をもっているのに似ている。

その性質や内容は異なるが、両方共に虚《うつ》ろな自分しか確認できないでいる。

表面的に祝福されて結婚した者のなかには、親子を中心としてさまざまな人間関係の幻想にしがみついている人たちもいる。

同棲がはじまったとき、すでに親と子のいままでの関係は変化している。しかしそれが賛成されることによっていままで通りであるという幻想にしがみついて生きていくことになる。

幻想にしがみつくことによって傷つくことを免《まぬが》れるなら、どうして幻想にしがみついて生きることが悪いのかということを考える人もいよう。

しかしこれは決定的に間違っている。なぜならこのような幻想にしがみついて生きている夫婦も親となるときがくるからである。

そのような人間が親となったとき、自分の子供が子供自身の自我を発展させ、子供自身の可能性を開花させ、子供自身の人生を生きることを徹底的に抑圧して、教育するからである。

親との対立葛藤とその克服を通じて成長した自我のみが、今度は自らの子供を自由と独立へと励ますことができる。

幻想にしがみついて生きている親は、自分と子供との関係において子供が成長し自らに対立してくることは許さないし、そのようなことは悪として徹底的に子供を教育する。

情緒的に未成熟な親がする教育とは、自分の子供がいつまでも心理的に成長できないようにさせることである。子供が心理的に成長しないことを親子の理想的形態と考える教育である。

子供はいずれの日か、親と一緒にいることにいわれのない不快感をもつことがあろう。親と一緒にいて、いままでと何かが違っていると感じる。

あるいは自立できないままに肉体的に成長しても、異性と愛し愛されるという関係をもつことはないであろう。

自分で自分の心を支えることができる人間のみが人を愛することができるのである。

そして自分で自分の心を支えることのできる人間は生産的苦しみのなかから生まれてくるのであって、決して変化のない温床から生まれてくるものではない。

他人の目を気にせず、心理的成長のために一人の時間をもつ

小学校の先生に「この子は気がひけて他人に譲ってばかりいるんですよ」といわれるようなA子さんという女の子がいた。

その女の子が大きくなって女子大生になった。彼女は自分の大学のあるサークルに入った。

そのサークルで部長の先輩を好きになった。しかし残念ながらその男性にはすでに婚約者がいた。もちろんその婚約者もそのサークルの一員であった。

そのサークルが地方に公演に行ったときである。公演が終わって、コンパをやって皆思い思いに街に行ったり部屋に戻ったりした。

婚約者同士はサークル全員に公然の仲であり、両方の親も2人の関係を当然知っていた。婚約者同士はその夜2人で、ある部屋に寝ていた。ところがその2人の婚約者が寝ている部屋に、なんとその「気がひけて他人に譲ってばかりいる女の子」A子さんが入っていったのである。

男性は飛び上がって驚いた。その「気の弱い」はずの女の子A子さんは、驚くことに女性婚約者に「この部屋を出ていってくれ」といったのである。

その部長の男性に話があるという。確かにその部長と婚約者にも問題はあるが、2人の仲を皆が承知し、一切の用事が終わり、コンパも済み、各人の勝手な自由時間であった。それをとやかくいうのはプライバシーの問題である。

その部長は部長としての仕事を全部やり終えてからあとの自由時間のことであるのだから、感情的には問題があるが、理屈としては何をしても他人に文句をいわれる筋合いのものではなかろう。

そして、部員も皆2人のそうしたことに不快感をもっていなかった。

ところがその「気の弱い」はずのA子さんは2人の寝ている部屋に入っていって、婚約者を部屋の外に追い出した。

そしてなんと、その部長の男性に「私はあなたが好きだ、一緒に寝よう」といったのである。

A子さんを昔から知っている人のなかには、そのことをどう説明しても理解できない人がいる。なかには「ああ、あの人は衝動的な人だからそのくらいのことは平気でしょ」という人もいる。

確かに行動には一貫性がなく、その場その場の衝動で動く傾向のある人だからあらゆる行動を衝動的と片づけることもできるだろう。

別の人は「あの人は常識じゃあ判断できない人だから」といった。そのようにあっさり「あの人ならやりそうだ」という人とは別に、理解できないという人がいる。

その理解できないという人は、他人に譲るということをする人が、恋人同士が寝ている部屋に入っていって女性のほうを部屋の外に出してしまうということがあるだろうか、というのである。

しかし、このことは十分に説明のつく行動である。その事件以前にA子さんの行動を規制しているものは何であろうか。

他人の眼なのである。他人の眼が恐いのである。他人に気に入られることが彼女の行動の判断基準である。他人に嫌われるのが何より恐いのである。

めったやたらに他人の機嫌をとる人間は明らかに神経症である。

他人に好かれるためのことなら何でもやる人がいる。「いい人」と他人にいわれるためにはどんな苦しみも苦しみではない。

A子さんは他人から「いい人」といわれるために、すべてのことを行っていた。他人に異常と思えるほどめったやたらに譲ることも、実は他人に嫌われるのが恐いからである。

他人に対する思いやりから相手に譲っているのではない。相手への愛から譲る場合と、相手から嫌われるという恐怖感から譲る場合では、まったく意味が違う。

つまり「譲る」という行動は同じでも「譲る」ということの動機が違う。

行動は眼に見えるが動機は眼に見えない。

人は同じ動機で違った行動をするときもあれば、違った動機で同じ行動をすることもある。

実はA子さんは以前に男性から体を求められたときも決して拒否しなかった。拒否して嫌われるのが恐いのである。何人かの男性とも簡単に寝ていた。まったくの無節操である。

もう他人に嫌われないためなら盗みでも何でもしかねない人間なのである。

友人たちにも親切であった。親切なのは嫌われないためである。したがってA子さんの友人たちは「常識ではわからないわよ」ということにして、彼女を理解しようという努力を放棄してしまっていた。

しかし実は何のことはない。心理的年齢が幼児のまま肉体的年齢と社会的年齢だけ大人になって女子大生になってしまったというだけの話である。

他人に対する異常な恐怖心、めったやたらのご機嫌とり、これはその人の依存心を表しているにすぎない。自分が独立して立っていられないから譲っているにすぎない。

A子さんの行動を見るからA子さんがわからなくなるのであって、A子さんの行動の動機を見ればA子さんは一貫している。

行動特性で見るから「わからない」のであって、性格特性で見ればよくわかる。

マズローの表現を借りれば、重心が他人にある。重心が自分にあれば、自分が望むように歩ける。重心が他人にあったら自分が望むように歩けない。というよりもそもそも自分が自分自身に望むことはない。

カレン・ホルナイの言葉を使えば、「不当な重要性」を他人に与えているということである。

いずれにしろ、彼女は自己不在である。自分がまったくない。

子供は親に見捨てられたら生きていけない。子供は一人では生きていけない。子供にとって母親に見捨てられるということは大問題である。

しかし大人にとって事情は異なる。大人にとって一人でいるということは、生きていかれないということを表してはいない。

いや、大人にとって一人でいる時間をもつということは心理的成長のために必要なことである。自分の内面をより深くするために一人でいることは必要なことである。

子供にとって孤独とは生きていけないことであるが、大人にとってそれは必要なことでさえある。

他人に好かれたり、ちやほやされなくても一人で生きていけるようになったとき、その人は新しい人生を出発したのである。

「他人が自分をどう思うか」だけで生きる女性

A子さんは嫌われることを恐れた。それが男であれ女であれ、とにかく相手にしがみついた。親に嫌われることを恐れた。親の気に入らないことは親に隠れてしていた。A子さんはあっちに秘密をもち、こっちに隠し事をして生きてきた。

したがって譲ることが他人に好かれる道だと思えば譲った。

A子さんとそれほど接触しない、先に挙げた小学校の先生は彼女がいい人だと思ったのである。気の弱いやさしい子だと思った。彼女とほんのわずか接する人は皆そう思った。

しかし友人となって行動を共にする機会の多い人間にとっては謎だらけの人間なのである。自分たちにも親切だが、同時に自分たちにとって困ることでも陰でやっているのであるから、訳のわからないのは当たり前である。

さて、「気がひけてばかりいる」A子さんがなぜ恋人同士が一緒にいる部屋に夜入っていったか。

それはA子さんが恋をして、その恋人以外の人間が眼中になくなったからである。つまりその男性以外はどうでもいい人間になってしまった。

それまで彼女の行動を律していたのは他人の眼なのである。こういうことはすべきだとか、こういうことはしてはいけないとかいう自らの判断があったわけではない。

こういうことをしたら嫌われるからしない。こういうことをすると好かれるからする。ただそれだけである。

彼女は心理的に無規範状態であった。倫理も道徳もない。あるのは「他人が自分をどう思うか」だけである。

そして彼女はその部長の男性を好きになった。そしてそのときはじめて、あとの人間は視界から消えた。

こういうことは恥ずかしいからできないとか、こういうことは女らしくないからできないということは彼女にとって何もない。道徳もないが、差恥心も何もない。

一時の燃え上がった幼稚な恋心にとって、他人の目が存在しなくなった以上、あらゆることが可能になったのである。

恋心が一時のパッと燃え上がったときを過ぎれば他人が再び重要になってこよう。しかし恋のはじめの一時期は熱病である。

椅子一つに座るのも他人に譲っていたA子さんが、かくて婚約者たちを力ずくで分けることさえできたのである。

そして始末の悪いことに、A子さんは自分の情緒的未成熟を「親切」という言葉で理解していたのである。A子さんに親切心などツメのアカほどもない。ただ情緒的未成熟で他人から悪く思われることが恐いというだけのことだったのである。

しかし表面的に表れた行為は一見しただけでは親切な人と同じなのである。その違いは何か。一貫性がないということである。

人は行動では判断できない。なぜその行動をするかという動機でしか判断できない。先に述べたように別の言葉でいえば、人は行動特性では人を判断できない。性格特性でしか人は判断できない。

朝、ある人に親切をする。しかし夕方には別の敵の人間に親切をして、朝の人に迷惑をかける。人と心の触れ合いがなければ、こうした行動は可能である。

しかし心理的成長に成功した人にはこうしたことはできない。

フロムの言葉を借りれば、行動特性と性格特性とは別である。マズローの言葉を借りれば、行動と動機は別である。

神経症者は冷酷なまでに利己主義か、あまりにも非利己主義である（註：Karen Horney, Our Inner Conflict, W.W.NORTON & COMPANY, 1945, p.291-292）。

他人の期待に応えることが美徳なのは、他人への愛を動機として他人の期待に応えるときである。

他人の期待に応えることとは行動特性である。行動特性でものごとを判断してはいけない。

不安から他人の期待に応えるのか、愛情から他人の期待に応えるのかが性格特性の違いである。不安から他人の期待に応えるのは心理的には決して望ましいことではない。

問題は行動特性ではない。性格特性である。

神経症的非利己主義と利己主義は行動特性が違う。しかし性格特性は同じ神経症者である。

たとえば大学生が友人にレポートを見せてあげる、宿題をしてあげる。どのような動機があるのだろうか。

1　親切な場合もある。
2　嫌われるのが怖い場合もある。
3　好かれたい、好意がほしい、相手の関心がほしい場合もある。
4　不安からの迎合、相手に取り入る、お世辞の場合もある。自分の売り込みの場合もある。
5　何かあげないと友だちになれないという自己無価値感の場合もある。
6　規範意識の場合もある。

行動は同じでも動機は違う。

情緒的に未成熟なあきれた人たち

再びA子さんの話に戻る。その熱病のような恋があっさりと終わったあとである。そのA子さんを2人の男性X君とY君が恋してしまった。

その2人の男性も大学生である。20歳を過ぎている。

A子さんはX君に嫌われるのも嫌、Y君に嫌われるのも嫌である。

A子さんとX君は旅行にいく。そしてX君はA子さんに「もうY君とは付き合わないでくれ」という。A子さんも泣いて誓う。そして2人は帰ってくる。

A子さんはY君に誘われる。A子さんはY君に嫌われるのが恐い。現在もっているものにしがみつくというのが情緒的未成熟の特徴である。

A子さんはY君を失いたくない。そこでY君にしがみつく。A子さんとY君は旅行にいく。A子さんはY君が喜ぶためのあらゆることをする。そして帰ってくる。

それを知ってもう一方のX君はメタメタに傷つく。X君も依存心が強く情緒的未成熟だから現在もっているものにしがみつく。そんなA子さんと別れることができない。

X君はメタメタに傷つき、怒り、A子さんをなじる。A子さんは泣く。A子さんは、どんなにひどい言葉で非難されてもやはりX君と別れられない。

そんなひどい言葉を浴びせるなら別れます、と決然とした態度はとれない。そんな決然とした態度をとれば、今度はX君が泣いて謝る番なのだが。

とにかくA子さんは泣いて謝る。そして「もう一度だけやり直させて」という。そして2

人は仲直りの印としてボートに乗りにいく。それを知ってY君が、という具合である。それは他人から見ればもうバカバカしくて見ていられないが、当人たちには地獄なのである。

このようなとき、どちらか一方が大人ならどうなるか。それは捨てる。

大人の独立した人格者同士の友情

ときに「捨てる」ことが本当に愛することもある。

ときには捨てられた人間は幸福なこともある。大人になる機会を与えられたのであるから。自分自らに頼って生きる機会を与えられたのであるから。

しかしこの捨てるということが、我々にはなかなか理解できない。私は26歳のときに『俺には俺の生き方がある』（大和書房）という本を書いた。

その本のなかで、友人を捨て切ったところにしか本当の友人は生まれない、ということを書いた。この本について当時読者によく手紙をもらったが、その本のなかで最も質問の多いのはここであった。

「一体どういう意味か？」というのである。

捨てることによって情緒的未成熟な者同士の友情ではなく、大人の独立した人格者同士の友情が生まれてくるということを主張したかったのである。

偉大な人物は必ず親を捨てる。誰にとっても捨てることは嫌である。よくいわれるように、捨てるより捨てられるほうが楽である。

捨てる人間の味わう感情はおそらく人を殺した人間の味わう感情である。

しかしここでいう「捨てる」という意味はどういうことであろうか。それはその人への恐怖心を捨てることである。

もう一度繰り返そう。偉大な人間は必ず親を捨てる。捨てるとは親そのものを捨てるのではない。子供にとって親を捨てるとは、自らの内にある親への恐怖心を捨てるということである。依存心と結びついた恐れを捨てることである。

恐れを捨てることは、依存心を捨てることにもつながる。

親を捨てるとき、多くの人間は血を流しながら河を渡る。そして血を流して苦しみに絶叫する。自分の親を捨てたのだと。

しかし実はそれは自分の心のなかにある親への恐怖心を捨てたのにすぎない。大人になったのだ。

そのとき、人間はあまりの苦しみに支離滅裂な言葉を発してのたうち回る。あまりの不安からものにしがみついたり、夢遊病者のようにフラフラと外を歩き出したりする。

大人になるということは、この人生で最も茨《いばら》の多い山を越えることなのである。そして山を越え、終わって振り返ったときに人々は知る。

いままで自分が親孝行といい、道徳といっていたものが、実は他人に対する恐怖心にしかすぎなかったことを。

そのときから心理的な大人の道徳がはじまる。「幸福に別れを告げ！」そして血を流しながら河を渡るのである。

「幸福に別れを告げる」ということは、過保護の温床から外に出るということである。それ以外に成長する人間の生きる道はあり得ない。

駆け落ちこそ心理的な成人式なのである。親への恐怖心がある限り、親の意に沿わないことはできない。

人間にとって安全が最も大切なのである。親に頼って自らの精神の安全を保とうとする者は、決して駆け落ちはできない。

親の反対する人と一緒になるとき、息子は自らの心理的安心を自ら自身に頼って確立しようと決心したのだ。

親の意に背くとき、子供はなんと多くの血を流すことか。しかし捨てたのは親ではない。自らの内にある親への恐怖心である。情緒的に未成熟な人の証拠である他人への恐怖心を、そのとき捨てたのである。

真の成長とは年齢に応じて、自らの依存を古いものから新しいものへと変えることである。

小さい頃、誰でもが母親に心理的に依存する。母に依存して心理的安心を得ようとする。人は10歳になり、20歳になり、30歳になる。そのときがきたら、いままでの温床を一つずつ捨てていく。

それは苦しいことである。それは幸福などとはまるっきり異質のものである。苦痛に満ちた道である。真の成長のために人は幸福に別れを告げなければならない。

古い温床を捨てること、そして新しいものに自らをかける勇気をもつ。それが心理的な大人になる唯一の方法である。

情緒的に未成熟な者は、もっているものを手離せない。いまもっているものにしがみつくということは裏からいうと、拒絶されることを恐れるということである。我々は断られることによって異常なほど傷つく。

実をいえば、大人ということは正当な拒絶にあっても、傷つかないということなのである。

人は強くなることによってしか救われない

人間は強くなることによってしか救われない。人間は母親に固着する。フロイドはこのことを発見した。

フロムはこの発見を人間の科学のうちで最も多くの可能性をもった発見の一つである、と絶賛する。

普通の人間はなかなか母親への固着を完全に克服できない。大人になっても人間は常に確実なるものを求めてやまない。

ところが、あからさまに母を求めることは気持ちのなかで抑圧されている。しかし人間は常に母なるものを求めている。フロムのいうごとく、この母を求める気持ちには、しばしば母の愛と保護を求めるばかりではなく、母を恐れる気持ちを含んでいる。

この恐れは依存から生まれる。

母親固着の病理的兆候として「依存と恐れ」が強まる（註：Erich Fromm, The Heart Of Man, Harper & Row, Publishers, New York,1964『悪について』鈴木重吉訳、紀伊國屋書店、1965, p.130）。

依存が強まりつつ、恐れも強まっている。そうなれば人と打ち解けない。

依存する者は「恐れと敵意」に心を支配される。

「依存心と恐れ」の関係をしっかりと理解することが日常生活では大切である。

フロムのいうごとく依存性こそは、その人独自の意味を弱化する（註：前掲書）。恐れは人間の力と独立の気持ちを弱める。

ここにこそ人間は強くなることによってしか救われないという意味がある。

自分のことをすべて認めてくれる恋人を見つけたとする。自分のことを褒め称え、自分をけなすものをけなし、自分と対立するすべてのものに敵意をもち、すべて自分のすることが正しいといってくれる恋人を見つけたとする。

そういう恋人を見つけることによって人間は人生の重荷から解放される。そういう恋人は自分の心の不安を鎮めてくれる、自分をわがままなままでいさせてくれる、自分が偉大であると信じてくれる。

恋人が自分のすべてを無条件に信じてくれるがゆえに、自分の心の不安から解放される。その恋人と一緒にいるときには、頼りなさから解放される。絶えずビクビクしている必要はない。何かを隠していて、それが見つけられないかといつもオドオドと恐れている必要はない。

すべてを知って、そのうえで自分を称えてくれる。その恋人と一緒にいると、オドオドしたところがなくて、堂々としていられる。

このような恋人を見つけたとき、人間はその人と一緒にいて救われるかもしれない。しかしその恋人を、自分が生きていくうえで必要とすればするほど、逆にその人を恐れなければならないのである。その人に捨てられたら生きていけない。

フロムは母親への固着の強い人間が見る夢の特徴を挙げている。力に溢れた女性が、彼をつかまえ、そして深い谷の上で自分を摑んで、そして落とす夢だという（註：前掲書 p.134）。

つまり、その力の溢れた母に破壊されることを恐れているという。

情緒的に未成熟な人に正常な恋はできない

これは母親でなくて恋人についても同じである。

その人を必要とすればするほど、その人に捨てられることを恐れなければならない。必要とすればするほど、その人に捨てられたときのみじめさは酷い。つまりその人を必要とすればするほど、その人から捨てられることを恐れなければならない。そしてその人を恐れ、その人に取り入らなければならない。

わがまま放題で、その恋人にあたり散らしながら、やはりその恋人を心の底で恐れているのである。

お前のような女がいるから俺はこんな酷い目にあったのだと、自分のみじめさのすべてをその恋人に押し付け、暴れまわりながら、その恋人を心の底のそのまた底で恐れている。

自分の情緒的な未熟さゆえに起きていることを、相手のせいにするほど楽なことはない。

一切合切をその恋人の責任にして暴れまわっていながら、心の底でその人を恐れている。

「お前を捨てないでいることで俺はこんな酷い目にあっている」と恋人を非難し、その恋人に恩着せがましいことをいいながら、やはりその恋人を心の底で恐れている。

彼のみじめさは決してその恋人のためではない。それでも、彼はその恋人を非難している間は少し気持ちが楽になる。

しかし根本的な治療にはならない。すぐにやりきれなくなる。我々は、根本的な解決によらないでその場その場をごまかす。

たとえばよくわけもなく他人を非難している人がいる。つまりウサばらしなのである。

情緒的に未成熟な人のやっていることには、このウサばらしに属することが実に多い。ウサばらしをしている間だけほっとするが、すぐにやりきれなくなる。

ある情緒的に未成熟な大学生が恋をした。その男性は友だちがいなかった。

そして彼は「自分が一人で友だちができないのは、いつもお前と一緒にいてやるからだ」と恋人に恩を着せて非難した。

皆は僕がお前といつも一緒にいるので、僕と付き合いにくいのだ。そして僕とお前に遠慮しているのだ。そういって自分に男の友人ができない寂しさを恋人のせいにしたのである。

彼が友だちを作れないのは、彼が身勝手な男だからである。彼は自分のなかで自分のそのわがままを克服しない限り、決して心安らかにはなれない。自分のわがままを克服し成長するということが根本的な解決なのである。

そしてその恋人はその非難に耐えた。彼は恋人を非難することで心の平衡《へいこう》を回復していたのである。その恋人は彼にとって救いであった。

やがて彼はその情緒的未成熟のまま会社に入った。その頃、遂にその恋人も我慢しきれなくなって別れた。彼はノイローゼになった。

彼はそのような恋人をもつことによって自ら成長しなくても生きられた。

成長することは苦しい。成長しないで生きられれば誰も成長はしない。しかし、彼はそのような「素晴らしい恋人」をもつことによって情緒的に未成熟のままでいられたからこそ、それ以後は悲劇だったのである。

彼がむしろ忍耐強い女性と恋に落ちるという好運をもったことが、かえって彼を立ち直り不可能な廃人にしてしまった。

自分を救うものが同時に自分を滅ぼすものであるという人間の矛盾にこそ人間の悲劇がある。

実は彼は恋人にもっと早めに捨てられるほうがよかったのである。あるいは誰からも相手にされないほうがよかったのである。そうすれば彼は成長へと強制されたかもしれない。もしその女性が彼の情緒的未成熟ぶりを見て、本当に彼を立派にしようとしたのなら、唯一無二の方法が捨てることであることに気づくべきだった。

自分を捨てるものが自分を救うものだという人間存在の矛盾を人間は自覚すべきである。そこにこそ人間の悲劇がある。

情緒的に未成熟な人に向かって百万回お説教しても無駄である。成長するか死ぬかという立場にたたされて人ははじめて成長する。

そのくらい成長とは苦痛に満ちたものである。成長するより、ひっぱたかれて殴られて蹴っ飛ばされているほうがはるかに人間にとって心理的には楽である。

人間にとってその程度の肉体的苦痛に耐えることは、深刻な心理的不安に耐えることよりはるかに楽である。

ある女性はなぜ暴力を振るう夫と離婚しないのか。それは離婚して一人で生きていくことが不安だからである。

ある情緒的に未成熟な人が会社に入った。兄は会社の社長だった。その弟は毎晩会社のつけでバーを飲み歩いた。家に帰ってくると兄に怒られて棒で殴られた。

毎晩兄に棒で殴られても、彼は毎晩飲んで家に帰ってきた。

その兄は知らなかったのである。棒でアザができるほど殴られても、そんな痛さは成長の苦痛よりも、はるかに楽なのだということを。

さらにこのような情緒的に未成熟な人は決して正常な恋をすることができない。

なぜならば自分のなかで解決しなければならない人生の諸問題を、恋人の存在によって解決しようとするからである。

大人になれない男と一緒になると、人生を棒に振ることになる

「主人が6月からまったく家に帰ってこない」とある年上の奥さんが電話で訴えてきた。

2人は駆け落ちして東京に来た仲である。それなのにそのご主人は35歳で会社の女性と同棲をはじめてしまった。

相手の女性はＩＴ関係の派遣会社から派遣されてきた女性である。37歳で一人暮らし。

ご主人はその人と2人でコンビを組んで仕事をしていた。ご主人が病気で5月に入院したときに奥さんはその女性に病院で会っている。

ご主人は4月の後半仕事が忙しくて、帰れない日が続いた。会社から、「帰りたい、帰りたい」と奥さんに電話してきた。実はそのときも家に帰れる状態であったと奥さんはいう。

彼は家を出ていったときに、着の身着のままプイッと出ていったと、奥さんは母親のように彼のことを心配している。一緒に暮らすようになって5年間彼女は彼の母親役をしている。

「主人は人が嫌いで友だちがいない。会社もいつも変わっている。友だちができても大切にしないで、切ってしまう」

彼は異性であろうと同性であろうと、「お母さん」役をしてくれない人とは付き合えない。「お母さん」以外の人とは人間関係を作れない。

「主人は、私の実家からお金を借りている。３００万円を借りた。未婚時代の借金の穴埋めに使われた。結婚前も分不相応な高級品を身に付けていた」と奥さんはいう。

奥さんはこんな自己喪失して自信のない男を、「自分の仕事にはすっごい自信があるんです」という。

奥さんは、彼が威張るのは劣等感のためであることが理解できない。

「すっごい自信」は偽装された劣等感なのである。どこの会社に入っても、周りとの協調性がない。

劣等感の強い人は、社会生活がうまくできない。要するに彼は心理的に大人になれないのである。

奥さんはご主人が女のところに行ってしまったのに、割合明るい声を出している。

「何か腹をたてるのが馬鹿らしくなってきた」といって笑った。

しかしその笑いは乾いた笑いである。楽しさを感じさせる笑いではない。絶望の笑いである。恐らく笑ったあとで、暗い顔をするのではなかろうか。

「向こうで、体の具合が悪くて医者にかかったんですよ」とまた心配する。そこで奥さんは保険証とお小遣いを送る。

奥さんはこの男性に失望していながらも、まだ気に入られるように振る舞おうとする。奥さんはこの結婚生活に絶望しながら、母親の役割を放棄しようとしない。

奥さんのほうから、彼に息子の役割をさせている。彼女たち2人は代理ママを演じているのである。

『ピーターパン症候群』の著者ダン・カイリーは多くの女性は母親役に逃げ込むことで、独立の恐怖に対処していると指摘している。

女性は依存心が強くて1人になることが恐いと、このように大人になれない男と一緒に人生を棒に振ることになることがある。

これは母親固着の強い男性と、心理的に自立できないから母親役に逃げた女性たちの物語である。

このマザコン男性は2人の女性に依存して行き来しているから、妻にも恋人にも敵意をもっていない。

しかしこの男性が、もし妻からもう1人の女性を認めてもらっていなければどうなるか。

それはフロムのいう「軽い不安感と抑うつ状態」になるか、妻に敵意を抱く。敵意といっても依存的敵意である。

無条件の愛を求めても、成長できない

フロムは、近親相姦的衝動は「男女ともに最も基本的な熱情のひとつである」(註：前掲書p.126）と述べている。

その具体的内容は「人間の防衛本能、自己のナルチシズムの充足、責任、自由、意識性に随伴する負担から逃れようとする渇望、無条件の愛への希求などが含まれる」(註：前掲書)。

こういう欲求が、一般には幼児に内在することは事実だと述べている。そしてさらに重要な指摘は、母親がこれを充足させるということである。

ここにさまざまな問題が発生してくる。つまり、もしこれらの欲求を母親が充足させてくれない場合にはどうなるかということである。

人間の欲求は満たされることによって消える。

母親が「無条件の愛への希求」を充足させてくれなければ、その欲求は残る。大人になっても心の底では、幼児のように無条件の愛を求めている。

「無条件の愛への希求」とはもう少し具体的に考えるとどういうことであろうか？

それは「駆け足が遅くても私を愛して、歌が下手でも私を褒めて、美人でなくても私を受け入れて、頭が悪くても私を好きになって」ということである。

浮気をしても「ありのままの私」を受け入れてくれというのが、「無条件の愛への希求」

である。「このままの私」を助けてくださいということである。

「そのままのあなたを愛します」というのが無条件の愛である。

その人といるときには嘘をつかなくても良い。それが無条件の愛情である。

たとえば子供が悪い成績を取った。学校から家に帰ってきてお母さんに嘘をつかなくてもよい。別の言葉でいうとそれは「何でもいえる関係」である。

それはフロムのいう「報酬としての愛」と正反対の愛である。「報酬としての愛」は良い成績を取ったから褒めてあげるという愛である。

幼児は自分が立派な幼児でなくても自分が愛される存在だということを感じる。それが無条件の愛の元で成長している幼児である。

幼児はこうした無条件の愛で母親から愛されることで心理的に成長できる。こうして愛されることで愛着人物に対して信頼感が生まれる。

この信頼感が大人になって周囲の人を信頼する土台になる。

それでは逆に、無条件の愛で母親から愛されることがなかった男性はどうなるか。彼らは愛することではなく、幼児が母親に愛されることを求めるように、他者に愛されることを求め続ける。

しかしこれはほとんど得られることはない。大人の男性を母親が幼児を愛するように愛する恋人はまずいないといっていいだろう。

つまり小さい頃に母親から「無条件の愛への希求」を充足してもらっていない男性は大人になってからもそれを求め続ける。

そしてそれが得られないので、傷つき続けるということである。そして傷つき続けるから心の土台は憎しみになる。

成熟した女性と恋愛をしても同じである。満足はしない。そういう男性は、自分が求めているものと違った愛を、成熟した女性から与えられて傷つき続ける。

女性の側は愛しているつもりでも、男性のほうは傷ついている。

このギャップは大きい。

先のマザコン男性の例では、2人の女性から愛されているようであるが、実はそうではない。

この2人の女性は彼を男性として成長するように励ますことはない。この2人の女性は本当の意味で彼を愛しているのではない。

母親に似た人を選ぶ男性

フロムは、もし母親がこの基本的欲求を満たさなければその幼児は生存不可能であると述べている。生存不可能ということがどういう意味だかわからないが、周囲の人に対する信頼感はない。

不安なときに、母親にしがみつこうとした。しかししがみつけなかった。そうした親子の関係はボールビーのいう不安定性愛着である。

子供はそうして人を信頼できない人になっていく。

フロムは神経症的な近親相姦的固着の第二段階というべきものとして次のようなことを述べている。

「あまり重症でない形態では、それは常に母親らしく振る舞いかしずいて、ほとんど何の要求ももたない女性、つまり無条件で頼れる人を必要とするような固着である」(註:前掲書

p.132)。

何の要求ももたない女性というのは現実の世の中にはなかなかいない。

そこでこうした男性は、特定の女性と近くなれば、いつも怒っている。何の要求ももたないで、かしずかないからである。

そこでいつも不愉快である。近くなった女性に対してはいつも不機嫌である。

彼は女性からちょっと何か頼み事をいわれると、それだけでイライラする。怒りを感じる。何の要求ももたない女性を必要としているのだから。

「こうしないでくれ」とか「こういうことをいわないでくれ」とか「こうしたら」といわれるだけで彼らはムッとする。「こうして」といわれることは彼にとっては要求である。

大切なのは「かしずく」ことである。

「あなたのこういうことが好きではないから直してくれ」等といったら一気に顔から火が噴いてくる。頭に血が上る。

かしずく女性を求めるということは別の視点からいうと、その女性が重要になりすぎているということである。

何かちょっとしたことをいわれても、それで心が動揺する。

いままで上機嫌でいたものが、何気ない一言で、途端に不愉快になる。つまりそれだけ相手の言動に心が支配されてしまうということである。別のいい方をすれば、そこまでその人が重要であるということである。

「さらに重症の形態を呈する場合には、たとえばひじょうに母に似た人を妻に選ぶ男性がいる」(註：前掲書)。

母に似た人を妻に選んでも、妻は母になるわけではない。だからイライラすることは同じである。

そもそも母に似た人を妻に選ぶ男性は、母親から愛されたという体験がない。

彼は母親の愛に飢えている。母に似た人を妻に選ぶ男性は母親の愛に執着しているのである。

「フロイトの観察したことは、幼児期の母親に対する愛着——一般人には滅多に完全に克服されない愛着——には巨大なエネルギーが内包されているということである」(註：前掲書p.124)。

幼児期の母親に対する愛着が満たされないことからくる欲求不満こそ、生涯にわたって人を不幸にする。

それがどの程度満たされるかに一生の幸福がかかっている。

「幼児期の母親に対する愛着には巨大なエネルギーが内包されている」ということは、それが満たされないときにはそれだけもの凄い不満になるということである。

そうなればその人の「心の土台」が憎しみになる。「心の土壌」が不満になる。

そして、このもの凄い憎しみや不満を外化することで、自分を取り巻く世界を解釈する。

近親相姦的固着の最終段階は「自分がない」という心理状態である。

近親相姦的固着の段階は心の危機の段階である。

フロムは母親との絆の時期が終わって、人は個性化の過程に入るという。

ところが人によってはその個性化の過程に入りながら、自己実現することができていない。つまり個性化の過程に入る時期に不安になる。

その無意識にある不安でその人は動いている。

人は自己実現して、自分を頼り自分を信じられない限り、不安と恐怖に支配される。

自己実現しない限り責任能力がなく、自己の信念をもつことができない。

「自分がある」とは、それらの上にさらに自分を頼り、自分を信じられることである。

人は母親との関係が終わって、個性化の過程で独立性が発展していない限り、恋愛をはじめすべての人間関係はうまくいかない。

それは「あなたはいま、このことに気がつきなさい」というサイン——あとがきにかえて

「自己欺瞞を自己関心に変える」という言葉がある（註：Rollo May, Love and Will, Dell Publishing Co., INC., 1969.『愛と意志』小野泰博訳、誠心書房、p.328）。

この本ではさまざまな自己欺瞞の恋の姿を書いてきた。恋愛においては、他の人間関係と同じように無意識にある感情は決定的な影響力をもつ。

その無意識にある自己欺瞞を意識化し、自己関心に変えることで、恋愛はその人の人生を充実したものにする。

相手が好きで恋愛関係になったときには、終わるときにも混乱のない終わり方をする。

もちろん男と女の関係が終わるのだから、それなりの混乱はあるかもしれない。

しかし、とにかく刃傷沙汰になるようなことはない。自然な終わり方になる。

自然な終わり方にならないときには、はじまりに問題がある。

お互いに相手が好きで始まっていない。お互いになんらかの心の問題を抱えている。そし

てその自分の心の問題を解決するために相手とかかわっている。

自分の心の問題を解決するために相手とかかわれば、その問題が解決しなければ、相手にも自分にも不満になる。

その人の心の葛藤は人間関係を通して表れる。

つまり恋愛をすれば、その人の心の葛藤は恋愛関係を通して表れる。だから心に深刻な葛藤を抱えていれば恋愛がうまくいくはずがない。

たとえばこの本で取り上げたあるケースの場合でいえば、それはその男性の劣等感が恋の原因である。自分の劣等感を解決するためのものが、その恋愛である。

相手を好きで恋愛になっているのではない。

そして劣等感や憎しみは、その人の性格特性であるから、そう簡単には解決しない。

本当に好きではじまった恋愛であれば、劣等感や憎しみも解決に向かうかもしれないが、そうでない場合には引き続きその人の性格特性は維持発展する。

人生を実り豊かに生きるには「マイナスはマイナスではない」という感じ方を身につけることが大切である。

少なくともマイナスは「あなたはいま、このことに気がつきなさい」というサインである。

だからマイナスは良かったのである。

恋愛をしていつもめていたら、「なぜ私の恋はいつもトラブルになるのか？」を考える。私の心のなかには私が気づいていない何があるのだろうと考える。

失恋したら、相手を非難する前に、「なぜ私は失恋したのか？」を考える。あの人は私の心のなかの何と付き合いきれなかったのだろうと考える。

恋愛の機会を求めながらも、恋愛の機会がないならば、「なぜ私はその機会がないか？」を考える。私は「自分の心のなかにある何を見落として生きているのだろう？」と考える。

恋愛が天国になるのも地獄になるのも、その原因は意識でなく無意識にある。

あとがきのはじめに書いたように「自己欺瞞を自己関心に変える」ことができれば、恋愛はこれほどの希望と期待をもってはじまり、必ず失敗することはない。

PHP新書

PHP INTERFACE
http://www.php.co.jp/

加藤諦三［かとう・たいぞう］

1938年、東京生まれ。東京大学教養学部教養学科を経て、同大学院社会学研究科修士課程を修了。1973年以来、度々、ハーヴァード大学准研究員を務める。現在、早稲田大学名誉教授、ハーヴァード大学ライシャワー研究所客員研究員、日本精神衛生学会顧問、ニッポン放送系ラジオ番組「テレフォン人生相談」レギュラーパーソナリティー。

著書に、『アメリカインディアンの教え』（扶桑社文庫）、『自分を嫌うな』『自信』（以上、三笠書房・知的生きかた文庫）、『「弱さ」を「強さ」に変える心理学』『イライラのしずめ方』（以上、PHP研究所）、『だれにでも「いい顔」をしてしまう人』『真面目なのに生きるのが辛い人』（以上、PHP新書）、『自分のうけいれ方』『自分に気づく心理学』『行動してみることで人生は開ける』『心の休ませ方』『不安のしずめ方』『たくましい人』『好かれる人』『心の整理学』（以上、PHP文庫）など多数。

がんばっているのに愛されない人

ナルシシズムと依存心の心理学

PHP新書910

二〇一四年三月四日　第一版第一刷

著者——加藤諦三
発行者——小林成彦
発行所——株式会社PHP研究所
東京本部——〒102-8331 千代田区一番町21
新書出版部 ☎03-3239-6298（編集）
普及一部 ☎03-3239-6233（販売）
京都本部——〒601-8411 京都市南区西九条北ノ内町11
組版——有限会社エヴリ・シンク
装幀者——芦澤泰偉＋児崎雅淑
印刷所
製本所——図書印刷株式会社

ISBN978-4-569-81720-0

PHP新書刊行にあたって

「繁栄を通じて平和と幸福を」(PEACE and HAPPINESS through PROSPERITY)の願いのもと、PHP研究所が創設されて今年で五十周年を迎えます。その歩みは、日本人が先の戦争を乗り越え、並々ならぬ努力を続けて、今日の繁栄を築き上げてきた軌跡に重なります。

しかし、平和で豊かな生活を手にした現在、多くの日本人は、自分が何のために生きているのか、どのように生きていきたいのかを、見失いつつあるように思われます。そして、その間にも、日本国内や世界のみならず地球規模での大きな変化が日々生起し、解決すべき問題となって私たちのもとに押し寄せてきます。

このような時代に人生の確かな価値を見出し、生きる喜びに満ちあふれた社会を実現するために、いま何が求められているのでしょうか。それは、先達が培ってきた知恵を紡ぎ直すこと、その上で自分たち一人一人がおかれた現実と進むべき未来について丹念に考えていくこと以外にはありません。

その営みは、単なる知識に終わらない深い思索へ、そしてよく生きるための哲学への旅でもあります。弊所が創設五十周年を迎えましたのを機に、PHP新書を創刊し、この新たな旅を読者と共に歩んでいきたいと思っています。多くの読者の共感と支援を心よりお願いいたします。

一九九六年十月

PHP研究所

PHP新書

［社会・教育］

117 社会的ジレンマ　山岸俊男
134 社会起業家「よい社会」をつくる人たち　町田洋次
141 無責任の構造　岡本浩一
175 環境問題とは何か　富山和子
324 わが子を名門小学校に入れる法　清水克彦／和田秀樹
335 NPOという生き方　島田　恒
380 貧乏クジ世代　香山リカ
389 効果10倍の〈教える〉技術　吉田新一郎
396 われら戦後世代の「坂の上の雲」　寺島実郎
418 女性の品格　坂東眞理子
495 親の品格　坂東眞理子
504 生活保護vsワーキングプア　大山典宏
515 バカ親、バカ教師にもほどがある　藤原和博／［聞き手］川端裕人
522 プロ法律家のクレーマー対応術　横山雅文
537 ネットいじめ　荻上チキ
546 本質を見抜く力——環境・食料・エネルギー　養老孟司／竹村公太郎
558 若者が3年で辞めない会社の法則　本田有明
561 日本人はなぜ環境問題にだまされるのか　武田邦彦
569 高齢者医療難民　吉岡　充／村上正泰
570 地球の目線　竹村真一
577 読まない力　養老孟司
586 理系バカと文系バカ　竹内　薫［著］／嵯峨野功一［構成］
599 共感する脳　有田秀穂
601 オバマのすごさ やるべきことは全てやる！　岸本裕紀子
602 「勉強しろ」と言わずに子供を勉強させる法　小林公夫
618 世界一幸福な国デンマークの暮らし方　千葉忠夫
621 コミュニケーション力を引き出す　平田オリザ／蓮行
629 テレビは見てはいけない　苫米地英人
632 あの演説はなぜ人を動かしたのか　川上徹也
633 医療崩壊の真犯人　村上正泰
637 海の色が語る地球環境　功刀正行
641 マグネシウム文明論　矢部　孝／山路達也
642 数字のウソを見破る　中原英臣／佐川　峻
648 7割は課長にさえなれません　城　繁幸
651 平気で冤罪をつくる人たち　井上　薫
652 〈就活〉廃止論　佐藤孝治
654 わが子を算数・数学のできる子にする方法　小出順一
661 友だち不信社会　山脇由貴子

675 中学受験に合格する子の親がしていること　小林公夫
678 世代間格差ってなんだ　城 繁幸／小黒一正／高橋亮平
681 スウェーデンはなぜ強いのか　北岡孝義
687 生み出す力　西澤潤一
692 女性の幸福［仕事編］　坂東眞理子
693 29歳でクビになる人、残る人　菊原智明
694 就活のしきたり　石渡嶺司
706 日本はスウェーデンになるべきか　高岡 望
720 格差と貧困のないデンマーク　千葉忠夫
739 20代からはじめる社会貢献　小暮真久
741 本物の医師になれる人、なれない人　小林公夫
751 日本人として読んでおきたい保守の名著　潮 匡人
753 日本人の心はなぜ強かったのか　齋藤 孝
764 地産地消のエネルギー革命　黒岩祐治
766 やすらかな死を迎えるためにしておくべきこと　大野竜三
769 学者になるか、起業家になるか　城戸淳二／坂本桂一
780 幸せな小国オランダの智慧　紺野 登
783 原発「危険神話」の崩壊　池田信夫
786 新聞・テレビはなぜ平気で「ウソ」をつくのか　上杉 隆
789 「勉強しろ」と言わずに子供を勉強させる言葉　小林公夫
792 「日本」を捨てよ　苫米地英人
798 日本人の美徳を育てた「修身」の教科書　金谷俊一郎
816 なぜ風が吹くと電車は止まるのか　梅原 淳
817 迷い婚と悟り婚　島田雅彦
818 若者、バカ者、よそ者　真壁昭夫
819 日本のリアル　養老孟司
823 となりの闇社会　一橋文哉
828 ハッカーの手口　岡嶋裕史
829 頼れない国でどう生きようか　加藤嘉一／古市憲寿
830 感情労働シンドローム　岸本裕紀子
831 原発難民　烏賀陽弘道
832 スポーツの世界は学歴社会　橘木俊詔／齋藤隆志
839 50歳からの孤独と結婚　金澤 匠
840 日本の怖い数字　佐藤 拓
847 子どもの問題　いかに解決するか　岡田尊司／魚住絹代
854 女子校力　杉浦由美子
857 大津中2いじめ自殺　共同通信大阪社会部
858 中学受験に失敗しない　高濱正伸
866 40歳以上はもういらない　田原総一朗
869 若者の取扱説明書　齋藤 孝
870 しなやかな仕事術　林 文子
872 この国はなぜ被害者を守らないのか　川田龍平